# 本書の特長と使い方

JN008255

すうけん
数犬チャ太郎

本書は，各単元の最重要ポイントを確認し，基本的な問題を何度も繰り返して解くことを通して，中学理科の基礎を徹底的に固めることを目的として作られた問題集です。

1単元2ページの構成です。

## ✔チェックしよう！

それぞれの単元の重要ポイントをまとめています。✌✌✌ があり，その単元で覚えておくべきポイントを挙げています。

ここから解説動画が見られます。くわしくは2ページへ

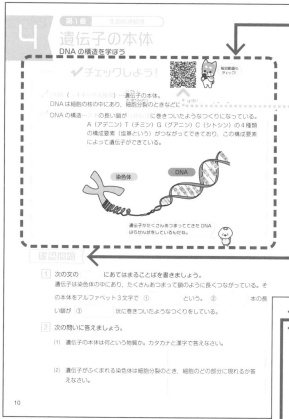

## 確認問題

✔チェックしよう！を覚えられたか，確認する問題です。

✋ などでまとめているポイントごとに確認することができます。

## 練習問題

いろいろなパターンで練習する問題です。つまずいたら，✔チェックしよう！や 確認問題 に戻ろう！

ヒントを出したり，解説したりするよ！

かっぱ

## ↗ステップアップ

少し発展的な問題です。

ここから重要知識を一問一答形式で確認できます。くわしくは2ページへ

---

### 練習問題

**1** 右の図は細胞分裂中の細胞の中に見えるひも状のA（染色体）を表した模式図である。これについて次の問いに答えましょう。

(1) 染色体をつくっている物質Bは遺伝子の本体である。これの略称をアルファベットで答えなさい。

(2) Bの中には生物の形質を現わすもととなる情報が記録されている。これを何といいますか。

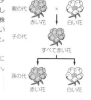

**2** 右の図のように，赤い花をつける純系のマツバボタンと，白い花をつける純系のマツバボタンを親としてかけ合わせると子の代はすべて赤い花をつける株であった。次に子の代を自家受粉させ，種子をまいて育てると，赤い花と白い花をつける株ができた。これについて，次の問いに答えましょう。

(1) マツバボタンの花の色のちがいは遺伝子の違いによって起こる。遺伝子の本体は何という物質ですか。

↗ステップアップ

(2) 子の代の赤い花を育てて自家受粉させたところ，1200個の種子ができた。赤い花をつける種子はおよそ何個になると考えられるか。次から1つ選びなさい。

　300個　　　500個
　700個　　　900個

↗ステップアップ

**3** DNAや遺伝子の科学技術が進歩するにつれて，私たちの生活のいろいろな場面でそれらの技術が利用されている。具体的にどのようなところで利用されているか書きましょう。

# ITC コンテンツを活用しよう！

使い方は カンタン！

本書には，QRコードを読み取るだけで利用できる ICT コンテンツが充実しています 。

## ▶ 解説動画を見よう

**①** 各ページの QR コードを読み取る

スマホでもタブレットでもOK！
PCからは下のURLからアクセスできるよ。
https://cds.chart.co.jp/books/n6hlkndh8r/sublist/001#2!

動画はフルカラーで
理解しやすい内容に
なっています。

**②** 動画を見る！

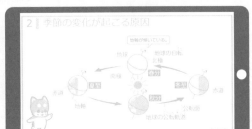

速度調節や
全画面表示も
できます

## スマホでサクッとチェック 一問一答で知識の整理

下のQRコードから，重要知識をクイズ形式で確認できます。

1回10問だから，
スキマ時間に
サクッと取り組める！

PCから https://cds.chart.co.jp/books/n6hlkndh8r/sublist/038#039

## 便利な使い方

ICTコンテンツが利用できるページをスマホなどのホーム画面に追加することで，毎回
QR コードを読みこまなくても起動できるようになります。くわしくは QRコードを読み
取り，左上のメニューバー「≡」▶「ヘルプ」▶「便利な使い方」をご覧ください。

# 目次

# 1 生物が成長するしくみ

植物の細胞分裂のようすを知ろう

 ✔チェックしよう！

 **根の成長**

・根の先端に近い部分がよくのびる。

↪根の先端に近い部分で細胞の数がふえ, ふえた
　細胞がそれぞれ大きくなることで成長する。

 **細胞のふえ方**

・細胞分裂…1個の細胞が2つに分かれること。
　生物のからだをつくる細胞が分裂する細胞分裂
　を体細胞分裂という。

・染色体…細胞分裂時に見えるひものようなもの。

〈ソラマメの根の成長〉
1日後　2日後　3日後

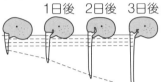

体細胞分裂では,分裂の前
後で,細胞の染色体の数は
同じになるんだ。

〈植物の細胞分裂のようす〉

細胞分裂の前
に,染色体の数
が2倍になる。

核の中に染色
体が現れる。

染色体が
中央に並ぶ。

染色体が分かれて
細胞の両端に移動
する。

細胞にしきり
ができる。

## 確認問題

**1** 次の文の ▢ にあてはまることばを書きましょう。

 ・ソラマメの根の成長を観察すると根の ① ▢ 付近がよくのびること
がわかる。

 ・生物のからだをつくる細胞が分裂する細胞分裂を ② ▢ という。

・細胞分裂時に見えるひものようなものを ③ ▢ という。

 **2** 次のア～カの図を, アを最初として, 細胞が分裂する順に並べましょう。

ア　　　　イ　　　　ウ　　　　エ　　　　オ　　　　カ

ア →　　　→　　　→　　　→　　　→

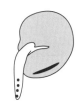

**1** 発芽してすぐのソラマメの根に，右の図のように等間隔に印をつけた。これについて，次の問いに答えましょう。

(1) 3日後に観察したときの印の位置として正しいものを，次から1つ選びなさい。

ア  イ  ウ  エ

(2) 生物の成長について，次の文の □ にあてはまることばを答えなさい。
生物が成長するときは，細胞分裂で細胞の ① がふえ，ふえた細胞が ② なる。

① [          ]  ② [          ]

**2** 図1は，タマネギの根を拡大して表したもので，図2は，その一部を顕微鏡で観察したものである。これについて，次の問いに答えましょう。

図1 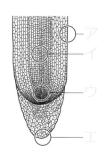　図2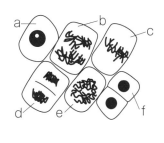

(1) 図1のア〜エのうち，図2のような細胞分裂の観察を行うのに適しているのはどの部分か。1つ選びなさい。

[          ]

(2) 図2の細胞a〜fを，細胞分裂の過程を表す順に並べなさい。ただし，aを最初とする。

a → [    ] → [    ] → [    ] → [    ]

(3) 図2のbやcの細胞に見られるひも状のものを何といいますか。

[          ]

(4) 図2において，bの細胞1個にふくまれる(3)の数は，fの細胞1個にふくまれる(3)の数の何倍ですか。

[          ] 倍

2つの細胞ができるときに，(3)は2つに分かれるよ。

# 2 生物のふえ方

有性生殖と無性生殖のちがいを学ぼう

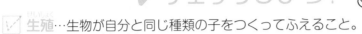

## ✔チェックしよう!

☑ 生殖…生物が自分と同じ種類の子をつくってふえること。
・無性生殖…雌と雄によらない生殖。
・有性生殖…雌と雄が，卵（卵細胞）と精子（精細胞）をつくり，卵と精子が結びついて（受精），子をつくる生殖。受精してできた細胞を受精卵という。

### ☝ 無性生殖
・分裂…アメーバやゾウリムシなどの単細胞生物で，からだが2つに分かれてふえること。
・栄養生殖…ジャガイモのいも，オランダイチゴのほふく茎などのように，栄養器官から新しい個体がつくられる生殖方法。

### ✌ 動物の有性生殖
・発生…受精卵が分裂をくり返して胚になり，成体になるまでの過程のこと。

### 🤟 植物の有性生殖
・種子植物の生殖細胞…精細胞（花粉管の中を移動する）卵細胞（めしべの胚珠の中にある）
・花粉管…受粉すると花粉から花粉管がのびて，精細胞の核と卵細胞の核が合体する（受精）。受精卵は細胞分裂をくり返して胚になる。

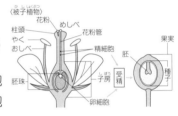

## 確認問題

**1** 次の文の　　　にあてはまることばを書きましょう。

(1) 雌と雄が，卵と精子をつくり，卵と精子が合体（受精）して子をつくる生殖を　　　　　　　という。

(2) アメーバなどの単細胞生物で，からだが2つに分かれてふえることを　　　　　　　という。

**2** 右の図はカエルの発生のようすを表したものである。ア～エを発生の順に並べましょう。

　　　→　　　→　　　→

**3** 次の　　　にあてはまることばを書きましょう。

① 　　　　　　
③ 　　　　　　
④ 　　　　　　
② 　　　　　　
⑤ 　　　　　　

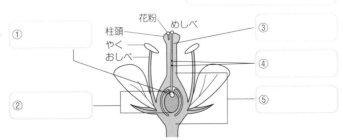

**1** 次の問いに答えましょう。

(1) 受精をせずに，なかまをふやす方法を何といいますか。

(2) (1)にあてはまるふえ方を，次のア～エの中からすべて選びなさい。
　　ア　アブラナが受粉して種子をつくる。
　　イ　ジャガイモのいもを植えると芽を出す。
　　ウ　ハムスターが子をうむ。
　　エ　ゾウリムシが分裂する。

**2** 次の図はカエルの卵が時間の経過とともに変化するようすをスケッチしたものである。これについて，次の問いに答えましょう。

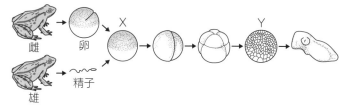

(1) 雌のつくった卵と，雄のつくった精子が合体してできたXを何といいますか。

(2) Xが細胞分裂をくり返し，多細胞生物のからだができていく過程を何といいますか。

(3) Xが細胞分裂を始めてから，自分でえさをとり始める前までを何といいますか。

**3** 図1は被子植物の花が受粉したときのめしべの断面を，図2は，図1が成長してできたつくりの断面を，それぞれ模式的に表したものである。これについて次の問いに答えましょう。

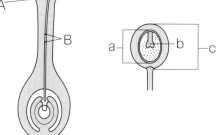

図1　　　図2

(1) 図1のAの中を移動する生殖細胞Bの核と卵細胞の核が合体してできた細胞を何といいますか。

(2) (1)が細胞分裂をくり返して，成体になるまでの過程を何といいますか。

(3) 胚珠と子房は受粉後，図2のa～cのどの部分に成長しますか。また，その名前も答えなさい。

　　　胚珠　　　　　　・　　　　　　　子房　　　　　　・

# 3 親から子への特徴の伝わり方

減数分裂と遺伝の法則を理解する

解説動画も
チェック！

## ✔チェックしよう！

☝ **減数分裂**…生殖細胞（卵や精子など）を
つくるときの細胞分裂。卵や精子の染色体の数は体細胞の半分になる。

✌ **遺伝と形質**

・形質…生物がもっている形や性質などの特徴。

・遺伝…親のもつ形質が，親から子へと受けつがれること。

・遺伝子…形質のもとになるもので，染色体の中にふくまれている。
　⇨無性生殖では子は親とまったく同じ遺伝子を受けつぎ，有性生殖では子は親の
　　遺伝子を半分ずつ受けつぐ。

🤟 **遺伝の法則**

・純系…親・子・孫と代を重ねても，形質がすべて同じに
なるもの。
　⇨形質が異なる純系をかけ合わせたとき，子に現れる形
　　質を顕性形質，子に現れない形質を潜性形質という。

・遺伝の法則…顕性形質を現わす純系（AA）と，潜性形
質を表す純系（aa）をかけ合わせると，子はすべて顕
性形質（Aa）を現わす。

・分離の法則…形質を決める対になっている遺伝子は，
別々の生殖細胞に入る。

〈エンドウの種子の形についての実験〉

```
親………AA————————aa
      （丸形の種子）   （しわ形の種子）

子… Aa   Aa   Aa   Aa

      Aa —————— Aa
   （丸形の種子）  （丸形の種子）

孫… AA   Aa   Aa   aa
   （丸形の種子）  （しわ形の種子）
```

| 3 | : | 1 |

遺伝の法則と分離の法則につい
て理解しておこう。

## 確認問題

**1** 次の文の □ にあてはまることばを書きましょう。

☝ ・卵や精子などの生殖細胞をつくるときの細胞分裂を ① □ という。この

　細胞分裂が行われるとき，染色体の数は体細胞の ② □ になる。

✌ ・生物がもっている形や性質などの特徴を ③ □ といい，③が親から子へ

　と受けつがれることを ④ □ という。

🤟 ・親・子・孫と代を重ねても，形質がすべて同じになるものを ⑤ □ という。

🤟 ・形質が異なる⑤どうしをかけ合わせたとき，子に現れる形質を ⑥ □ 形質，

　子に現れない形質を ⑦ □ 形質という。

**1** 次の問いに答えましょう。

(1) 卵や精子などの生殖細胞をつくるときに行われる細胞分裂を何といいますか。

(2) (1)の細胞分裂が行われるとき，卵や精子の染色体の数は，体細胞と比べるとどのようになりますか。

(3) 右の図は，子ができるときの染色体のようすを表したものである。無性生殖を表しているのはA，Bのどちらですか。

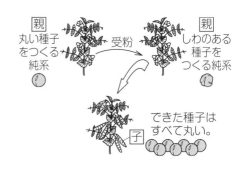

(4) 図のBの生殖の説明として，正しいものを次から1つ選びなさい。

　　ア　両方の親の遺伝子を半分ずつ受けつぐ。

　　イ　子の形質は親とまったく同じにならない。

　　ウ　子の遺伝子は親とまったく同じである。

　　エ　卵と精子が受精することで，染色体はもとの数にもどる。

**2** 右の図のように，丸い種子をつくる純系のエンドウの花粉を，しわのある種子をつくる純系のエンドウのめしべにつけて受粉させたところ，できた種子はすべて丸い形であった。これについて次の問いに答えましょう。ただし，丸い種子をつくる遺伝子をA，しわのある種子をつくる遺伝子をaとする。

(1) エンドウの種子の形の遺伝では，顕性形質は丸，しわのどちらですか。

(2) 丸い種子をつくる純系の親の遺伝子の組み合わせとして正しいものを，次から1つ選びなさい。

　　ア　AA　　　イ　Aa　　　ウ　aa

(3) できた子の代のエンドウを自家受粉させてできた孫の代の，ＡＡ：Ａａ：aaの遺伝子の組み合わせの比として正しいものを，次から1つ選びなさい。

　　ア　1：1：2　　　イ　1：2：1　　　ウ　2：1：1　　　エ　2：2：1

丸い種子,しわのある種子をつくる遺伝子をもった子の遺伝子から組み合わせの比を考えてみよう。

考えよう

# 4

# 遺伝子の本体
## DNAの構造を学ぼう

解説動画もチェック！

## ✔チェックしよう！

☑ DNA（デオキシリボ核酸）…遺伝子の本体。
DNAは細胞の核の中にあり，細胞分裂のときなどに染色体として現れる。

☑ DNAの構造…2本の長い鎖がらせん状に巻きついたようなつくりになっている。
A（アデニン）T（チミン）G（グアニン）C（シトシン）の4種類の構成要素（塩基という）がつながってできており，この構成要素によって遺伝子ができている。

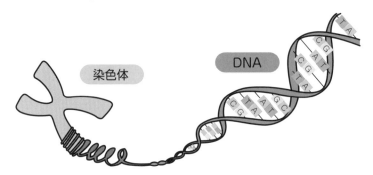

染色体

DNA

遺伝子がたくさんあつまってできたDNAはらせん状をしているんだね。

## 確認問題

1 次の文の □ にあてはまることばを書きましょう。

遺伝子は染色体の中にあり，たくさんあつまって鎖のように長くつながっている。その本体をアルファベット3文字で ① という。② 本の長い鎖が ③ 状に巻きついたようなつくりをしている。

2 次の問いに答えましょう。

(1) 遺伝子の本体は何という物質か。カタカナと漢字で答えなさい。

(2) 遺伝子がふくまれる染色体は細胞分裂のとき，細胞のどの部分に現れるか答えなさい。

**1** 右の図は細胞分裂中の細胞の中に見えるひも状のＡ（染色体）を表した模式図である。これについて次の問いに答えましょう。

(1) 染色体をつくっている物質Ｂは遺伝子の本体である。これの略称をアルファベットで答えなさい。

(2) Ｂの中には生物の形質を現わすもととなる情報が記録されている。これを何といいますか。

らせん状になっている物質Ｂの略称と正式名称はどちらも覚えておこう。

**2** 右の図のように，赤い花をつける純系のマツバボタンと，白い花をつける純系のマツバボタンを親としてかけ合わせると子の代はすべて赤い花をつける株であった。次に子の代を自家受粉させ，種子をまいて育てると，赤い花と白い花をつける株ができた。これについて，次の問いに答えましょう。

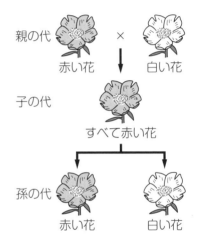

(1) マツバボタンの花の色のちがいは遺伝子の違いによって起こる。遺伝子の本体は何という物質ですか。

↗ ステップアップ

(2) 子の代の赤い花を育てて自家受粉させたところ，1200個の種子ができた。赤い花をつける種子はおよそ何個になると考えられるか。次から１つ選びなさい。

　ア　300個　　　イ　500個
　ウ　700個　　　エ　900個

↗ ステップアップ

**3** DNAや遺伝子の科学技術が進歩するにつれて，私たちの生活のいろいろな場面でそれらの技術が利用されている。具体的にどのようなところで利用されているか書きましょう。

# 1 電解質の水溶液

電解質と非電解質の違いを知ろう

解説動画も
チェック！

## ✔チェックしよう！

### 電解質と非電解質

・電解質…水にとかしたとき，その水溶液に電流が流れる物質。

・非電解質…水にとかしたとき，その水溶液に電流が流れない物質。

電流が流れると，
豆電球が光る。

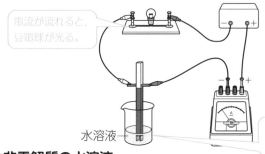

水溶液

調べる水溶液をかえるときは，
電極を蒸留水（精製水）で洗う。

### 電解質と非電解質の水溶液

| 電流が流れる<br>水溶液 | 電解質 | 電解質の<br>状態 |
|---|---|---|
| 食塩水<br>（塩化ナトリウム水溶液） | 食塩<br>（塩化ナトリウム） | 固体 |
| 塩酸 | 塩化水素 | 気体 |
| 塩化銅水溶液 | 塩化銅 | 固体 |
| 水酸化ナトリウム水溶液 | 水酸化ナトリウム | 固体 |

| 電流が流れない<br>水溶液 | 非電解質 | 非電解質の<br>状態 |
|---|---|---|
| 砂糖水 | 砂糖 | 固体 |
| エタノールの<br>水溶液 | エタノール | 液体 |

塩化水素がとけた水溶液を
塩酸というんだね。

---

## 確認問題

**1** 次の文の ☐ にあてはまることばを書きましょう。

・水にとかしたとき，その水溶液に電流が流れる物質を ① ☐ という。

・水にとかしても，その水溶液に電流が流れない物質を ② ☐ という。

**2** 食塩，砂糖，塩化水素，エタノールについて，次の問いに答えましょう。

(1) 水にとかしたとき，その水溶液に電流が流れる物質はどれか。2つ書きましょう。

☐　　　☐

(2) 塩化水素を水にとかしてできた水溶液を何といいますか。

☐

**1** 次の水溶液のうち，電流が流れるものはどれですか。すべて選びなさい。

ア　水酸化ナトリウム水溶液　　イ　塩酸　　ウ　砂糖水　　エ　エタノール

**2** 次の A～F の物質をとかした水溶液をつくり，右の図のような装置で，それぞれの水溶液に電流が流れるか調べる実験をしたところ，次のような結果となった。
下の表は，電流が流れたものは○，流れなかったものは ×として結果の一部を示したものである。
これについて，次の問いに答えましょう。

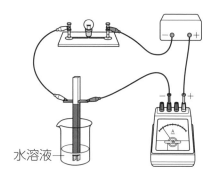

水溶液

| A 塩化水素　　B 砂糖　　C 塩化銅 |
| D エタノール　　E 塩化ナトリウム |
| F 水酸化ナトリウム |

調べる水溶液を変えるときは，どんな操作が必要だったかな。

| 物質 | A | B | C | D | E | F |
|---|---|---|---|---|---|---|
| 電流が流れるか | | × | | | ○ | |

(1) 結果の表の空欄には○，×のどちらがあてはまるか。それぞれ答えなさい。

A 　　　　　C 　　　　　D 　　　　　F

(2) 電解質はどれか。A～F からすべて選びなさい。

↗ ステップアップ

(3) この実験で塩化ナトリウム水溶液を調べたあとに電極を洗わず，そのまま砂糖水の実験をしたところ電流が流れた。その理由として適切なものを次から1つ選びなさい。

ア　砂糖が電解質だったため。

イ　食塩が非電解質だったため。

ウ　食塩が電極に残っており，その電極を砂糖水につけてしまったため。

エ　砂糖が電極について，はなれなくなったため。

# 2 電解質の水溶液と電流
## 塩化銅と塩酸の電気分解を学ぼう

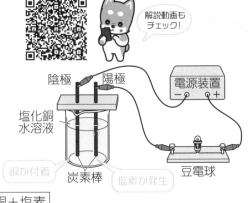

解説動画もチェック!

## ✔チェックしよう!

### 塩化銅水溶液（えんかどうすいようえき）の電気分解

・陽極…塩素が発生する。
　　　⇨プールの消毒液のようなにおい（刺激臭）がある。
　　　　漂白作用がある。
・陰極…表面に銅が付着する。
　　　⇨赤色で金属光沢がある。
電気分解で起こった化学変化　塩化銅→銅＋塩素

陰極　陽極
電源装置 − ＋
塩化銅水溶液
銅が付着　炭素棒　塩素が発生
豆電球

### 塩酸の電気分解

・陽極…塩素が発生する。
・陰極…水素が発生する。
　　　⇨マッチの火を近づけると音をたてて気体が燃える。
電気分解で起こった化学変化　塩化水素→水素＋塩素

ゴム栓
水素が発生　塩素が発生
陰極　うすい塩酸　陽極
電源装置 − ＋

---

## 確認問題

1 次の文の □ にあてはまることばを書きましょう。

・塩化銅水溶液を電気分解すると，① □ 極からは塩素が発生し，

　② □ 極の表面には銅が付着する。

・塩酸を電気分解すると ③ □ 極からは塩素が発生し，

　④ □ 極からは水素が発生する。

2 次の問いに答えましょう。

(1) 塩化銅水溶液を電気分解したときに，陰極の表面に付着する物質は何色ですか。　□ 色

(2) 塩酸を電気分解したあとに，陰極から発生する気体は何ですか。　□

**1** 右の図のような装置を用いて塩化銅水溶液に電流を流したところ，陽極からは気体が発生し，陰極には赤色の物質が付着した。これについて次の問いに答えましょう。

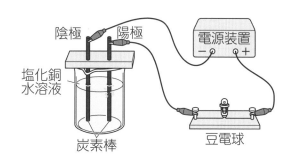

(1) 陽極から発生した気体は何か。気体名を答えなさい。

(2) 陰極に付着した物質の性質として正しいものを，次から1つ選びなさい。

　ア　熱を伝えにくい。　　　　イ　電流が流れにくい。
　ウ　みがくと光沢が出る。　　エ　磁石にくっつく。

(3) 陰極に付着した物質は何か。物質名を答えなさい。

電気分解の仕組みを理解しよう。

 ステップアップ

**2** 右の図のような装置を用いて，塩酸に電流を流したところ，陽極，陰極からそれぞれ気体が発生した。これについて，次の問いに答えましょう。

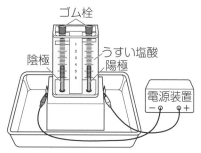

(1) 陽極から発生した気体の性質として正しいものを，次から1つ選びなさい。

　ア　石灰水を白く濁らせる。
　イ　赤インクを脱色する。
　ウ　マッチの火を近づけると，音をたてて気体が燃える。
　エ　線香の火を入れると，線香が炎を上げて激しく燃える。

(2) においのある気体が発生したのは陽極，陰極のうちどちらですか。

塩素は水素に比べて水にとけやすいから，集まる量は少ないみたいだね。

# 3 電解質の粒子
## 原子のつくりとイオンの化学式を理解する

## ✔チェックしよう！

### 🤟 原子のつくり

・原子核…陽子と中性子からできている。

・電子…−の電気をもつ。陽子の数と等しい。

〈ヘリウム原子のつくり〉

陽子は＋の電気をもち，中性子は電気をもたないもの，電子は−の電気をもつものだと考えよう。

### ✌ イオン

・陽イオン…原子が電子を失って＋の電気を帯びたもの。

・陰イオン…原子が電子を受け取って−の電気を帯びたもの。

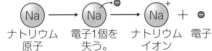

〈ナトリウムイオン（陽イオン）のでき方〉

| Na | → | Na | → | Na⁺ | ＋ | 電子 |

ナトリウム原子　電子1個を失う。　ナトリウムイオン　電子

〈塩化物イオン（陰イオン）のでき方〉

Cl ＋ 電子 → Cl → Cl⁻

塩素原子　　電子1個を受けとる。　塩化物イオン

### 🤟 イオンの化学式

・イオンの化学式…原子の記号の右上に電気の種類と数を小さく書く。

〈イオンの化学式〉

電子2個

$$Cu^{2+}$$

陽イオン

| おもな陽イオン | イオンの化学式 | おもな陰イオン | イオンの化学式 |
|---|---|---|---|
| 水素イオン | $H^+$ | 塩化物イオン | $Cl^-$ |
| ナトリウムイオン | $Na^+$ | 水酸化物イオン | $OH^-$ |
| 銅イオン | $Cu^{2+}$ | 硫酸イオン | $SO_4^{2-}$ |

---

## 確認問題

 **1** 次の文の □ にあてはまることばを書きましょう。

ヘリウム原子のつくり

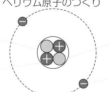

① ＿＿＿＿＿＿　　　③ ＿＿＿＿＿＿

② ＿＿＿＿＿＿　　　④ ＿＿＿＿＿＿

**2** 次の文の □ にあてはまるイオンの名前，イオンの化学式を書きましょう。

| おもな陽イオン | イオンの化学式 | おもな陰イオン | イオンの化学式 |
|---|---|---|---|
| ① | $H^+$ | 塩化物イオン | ④ |
| ナトリウムイオン | ② | ⑤ | $OH^-$ |
| 銅イオン | ③ | ⑥ | $SO_4^{2-}$ |

**1** 原子やイオンについて次の問いに答えましょう。

(1) 原子の構造の説明として正しいものを，次から1つ選びなさい。

　　ア　中性子と電子の質量はほぼ等しい。

　　イ　陽子の質量は電子の質量より極めて小さい。

　　ウ　原子の中心には原子核が1個ある。

　　エ　原子がもっている陽子の数は原子によって変わらない。

(2) ナトリウムイオンの説明として正しいものを，次から1つ選びなさい。

　　ア　ナトリウム原子が電子を1個受け取って＋の電気を帯びた陽イオンである。

　　イ　ナトリウム原子が電子を1個受け取って＋の電気を帯びた陰イオンである。

　　ウ　ナトリウム原子が電子を1個受け取って－の電気を帯びた陽イオンである。

　　エ　ナトリウム原子が電子を1個受け取って－の電気を帯びた陰イオンである。

　　オ　ナトリウム原子が電子を1個失って＋の電気を帯びた陽イオンである。

　　カ　ナトリウム原子が電子を1個失って＋の電気を帯びた陰イオンである。

　　キ　ナトリウム原子が電子を1個失って－の電気を帯びた陽イオンである。

　　ク　ナトリウム原子が電子を1個失って－の電気を帯びた陰イオンである。

(3) 塩素原子からできるイオンを何といいますか。

(4) (3) のイオンは陽イオンと陰イオンのどちらですか。

原子には陽子や中性子が入っている場所のようなものがあるよ。

**2** 次の(1)〜(3)のイオンの名前，(4)〜(6)のイオンの化学式を書きましょう。

(1) $Na^+$

(2) $Cu^{2+}$

(3) $Cl^-$

(4) 水素イオン

(5) 水酸化物イオン

(6) 硫酸イオン

# ４ 電池のしくみ・日常生活と電池

２種類の金属と水溶液から電池をつくる

解説動画も
チェック！

## ✔チェックしよう！

### 👆 電離

・電離…電解質が水にとけて陽イオンと陰イオンに分かれること。

・電子…－の電気をもつ。陽子の数と等しい。

〈塩化水素の電離のようす〉

塩素
原子
Cl

水素原子
H

水に
とかすと…

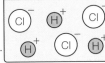

〈電離を表す式〉

| 塩化水素 | $HCl \rightarrow H^+ + Cl^-$ |
|---|---|
| 塩化ナトリウム | $NaCl \rightarrow Na^+ + Cl^-$ |
| 塩化銅 | $CuCl_2 \rightarrow Cu^{2+} + 2Cl^-$ |
| 水酸化ナトリウム | $NaOH \rightarrow Na^+ + OH^-$ |

### ✌ 電池

・電池…化学変化によって化学エネルギーを電気エネルギーに変えて取り出す装置。電解質の水溶液に２種類の金属を入れる。

電流が流れる水溶液に，異なる種類の金属を入れると，電気エネルギーを取り出すことができるよ。

〈うすい塩酸に亜鉛板と銅板を入れた電池〉

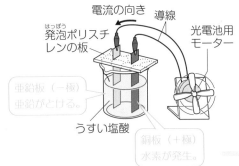

電流の向き　導線
発泡ポリスチレンの板
光電池用モーター
亜鉛板（－極）
亜鉛がとける。
うすい塩酸
銅板（＋極）
水素が発生。

## 確認問題

### 1 次の電離を表す式の □ にあてはまるイオンの化学式を書きましょう。

(1) $HCl \rightarrow H^+ +$ 〔　　　　　〕

(2) $NaCl \rightarrow$ 〔　　　　　　〕 $+ Cl^-$

(3) $CuCl_2 \rightarrow$ 〔　　　　　　〕 $+ 2Cl^-$

(4) $NaOH \rightarrow Na^+ +$ 〔　　　　　〕

### 2 次の □ にあてはまることばや記号を書きましょう。

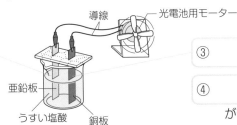

導線　　光電池用モーター

① 〔　　　　　〕 極

② 〔　　　　　〕
がとける。

③ 〔　　　　　〕 極

④ 〔　　　　　〕
が発生する。

亜鉛板
うすい塩酸　銅板

**1** 塩化銅水溶液について，次の問いに答えましょう。

(1) 塩化銅水溶液中にふくまれる2種類のイオンの名前を答えなさい。

(2) (1)のように電解質が水にとけて陽イオンと陰イオンに分かれることを何といいますか。

(3) 塩化銅水溶液中のイオンのようすを表したものとして正しいものを，次から1つ選び
なさい。

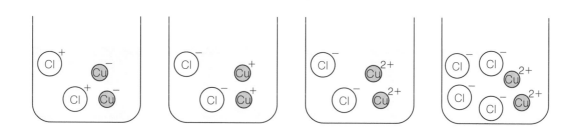

**2** 図のように，うすい硫酸に金属板Aと金属板
Bを入れ，電子オルゴールにつないだところ，
電子オルゴールが鳴った。これについて次の
問いに答えましょう。

(1) 金属板Aと金属板Bをどのような組み合わせ
にしたとき，オルゴールは鳴るか。次からす
べて選びなさい。

ア　金属板A　銅板　　　　　金属板B　銅板
イ　金属板A　マグネシウム板　金属板B　銅板
ウ　金属板A　鉄板　　　　　金属板B　鉄板
エ　金属板A　亜鉛版　　　　金属板B　銅板

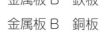

発泡ポリス
チレンの板

金属板A━━━━金属板B
うすい硫酸

電子オルゴール

ステップアップ

(2) 実験でうすい硫酸を砂糖水に変えると電子オルゴールはどうなるか答えなさい。

砂糖は電解質ではないこと
から考えてみよう。

考えよう

# 5 酸性やアルカリ性の水溶液の性質

酸性・中性・アルカリ性の水溶液を見分けよう

解説動画も
チェック！

## ✔チェックしよう！

 **酸性・中性・アルカリ性の水溶液**

|  | 酸性の水溶液 | 中性の水溶液 | アルカリ性の水溶液 |
|---|---|---|---|
| リトマス紙の変化 | 青色→赤色 | 変化なし | 赤色→青色 |
| BTB溶液の変化 | 黄色 | 緑色 | 青色 |
| pH | 7より小さい | 7 | 7より大きい |
| おもな水溶液 | 塩酸，硫酸，硝酸 | 塩化ナトリウム水溶液，砂糖水 | 水酸化ナトリウム水溶液，アンモニア水 |

 **酸性・アルカリ性の性質**

・酸性の水溶液にマグネシウムなどの金属を入れると，
水素が発生する。

・アルカリ性の水溶液は，フェノールフタレイン溶液を
赤色に変える性質がある。

水素

酸性の
水溶液
マグネシウム
リボン

水素が発生したことを確かめるには，火の
ついたマッチを近づけるといいよ。水素が
発生していたら，音をたてて燃えるんだ。

酸性とアルカリ性を区別
する方法を覚えよう。

## 確認問題 —— —— —— —— ——

  1 次の◻◻にあてはまることばを書きましょう。

|  | 酸性の水溶液 | 中性の水溶液 | アルカリ性の水溶液 |
|---|---|---|---|
| リトマス紙の変化 | ① 　色→　　色 | 変化なし | ② 　色→　　色 |
| BTB溶液の変化 | ③ 　　　　色 | ④ 　　　　色 | ⑤ 　　　　色 |

  2 次の◻◻にあてはまることばを書きましょう。

・ ①　　　　性の水溶液は，フェノールフタレイン溶液を ②　　　色に変える。

・ ③　　　　性の水溶液に金属を入れると ④　　　　　　　という気体が発
生する。

**1** 次の水溶液のうち，酸性のものには○，中性の水溶液には△，アルカリ性の水溶液には×を書きましょう。

(1) 塩水

(2) 硝酸

(3) アンモニア水

(4) 水酸化カルシウム

(5) 塩酸

(6) 硫酸

(7) 砂糖水

(8) 水酸化マグネシウム

**2** 次のうち，酸性の性質には○を，アルカリ性の性質には×を，それぞれ書きましょう。

(1) BTB水溶液を黄色に変える。

(2) 金属を入れると水素が発生する。

(3) リトマス紙を青色に変える。

(4) フェノールフタレイン溶液を赤色にする。

**3** 右の図のように，ある水溶液の中にマグネシウムリボンを入れたところ，気体が発生した。この気体をマッチに近づけたところ，音をたてて燃えた。これについて，次の問いに答えましょう。

(1) 発生した気体名を答えなさい。

マグネシウムリボン

やってみよう!!

酸性とアルカリ性の性質を復習しよう。

(2) この水溶液は，フェノールフタレイン溶液の色を変えることができますか。理由とともに答えなさい。

# 6 酸性・アルカリ性の正体と強さ
## 酸とアルカリを理解しよう

✔ チェックしよう！

解説動画も
チェック！

👉 **酸とアルカリ**

・酸…水溶液中で電離して，水素イオン（$H^+$）を生じる物質のこと。

　（例）　$HCl$，$H_2SO_4$ などの電離の式

　　　　$HCl \rightarrow H^+ + Cl^-$

　　　　$H_2SO_4 \rightarrow 2H^+ + SO_4^{2-}$

・アルカリ…水溶液中で電離して，水酸化物イオン（$OH^-$）を生じる物質のこと。

　（例）　$NaOH$，$KOH$ などの電離の式

　　　　$NaOH \rightarrow Na^+ + OH^-$　【水溶液中の$H^+$（水素イオン）と$OH^-$（水酸化物イオン）の電離の様子】

　　　　$KOH \rightarrow K^+ + OH^-$

・pH…酸性・アルカリ性の
　強さを表す数値のこと。

酸の水溶液　　　水（中性）　　　アルカリの水溶液

pH の値が 7 のとき中性で，

pH の値が 7 より小さいほど（pH の値が 0 に近いほど）酸性が強く，

pH の値が 7 より大きいほど（pH の値が 14 に近いほど）アルカリ性が強い。

確認問題

 **1** 次の　　　　にあてはまることばや記号を書きましょう。

・　水溶液中で電離して，水素イオンを生じる物質を　①　　　　　という。

・　水溶液中で電離して，水酸化物イオンを生じる物質を　②　　　　　という。

・　酸性・アルカリ性の強さを表す数値を　③　　　　　といい，値が 7 より

　　④　　　　　ほどアルカリ性が強い。

・　NaOH が電離すると，陽イオンである　⑤　　　　　と陰イオンである

　　⑥　　　　　が発生する。このことから，NaOH は

　　⑦　　　　　性だとわかる。

**1** 次の酸とアルカリの電離の式をそれぞれ書きましょう。

(1) HCl

(2) $H_2SO_4$

(3) KOH

**2** 次の図は，水溶液の電離の状態を表したものである。酸性，中性，アルカリ性のうち，それぞれあてはまることばを書きましょう。

【水溶液中の$H^+$（水素イオン）と$OH^-$（水酸化物イオン）の電離の様子】

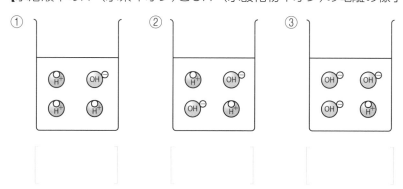

**3** 酸性・中性・アルカリ性について，次の問いに答えましょう。

(1) アルカリとは何ですか。簡単に説明しなさい。

(2) NaOH の電離の式を書きなさい。

(3) HCl は，電離すると $H^+$以外に何のイオンを生じますか。記号で答えなさい。

ア $Cl_2^-$    イ $Cl^+$    ウ $Cl^-$    エ $Cl_2^+$

# 7 中和

### 酸とアルカリが性質を打ち消し合う

## ✔チェックしよう！

解説動画もチェック！

👆 **中和**…酸とアルカリの水溶液を混ぜたとき，たがいの性質を打ち消し合う反応のこと。

**（例）目で見てわかる中和の実験**

①塩酸とBTB溶液をビーカーに入れ，よくかき混ぜる。（このとき，水溶液は黄色）

②このビーカーに水酸化ナトリウム水溶液を加えていくと，水溶液の色は，だんだん黄色から緑色に変化する。

　⇨アルカリの水溶液が酸の水溶液を打ち消したため，中性になっている。

③さらに水酸化ナトリウム水溶液を加えていくと，水溶液はだんだん青色になっていく。

　⇨アルカリの水溶液が増えたことでアルカリ性になっている。

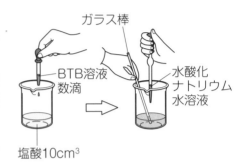

ガラス棒

BTB溶液数滴

水酸化ナトリウム水溶液

塩酸10cm³

塩酸の酸としての性質が，水酸化ナトリウム水溶液によって打ち消された。

緑色ということは，中性ということだね。

## 確認問題

👆 **1** 次の文の　　　　にあてはまることばを書きましょう。

• 酸とアルカリを混ぜると，たがいの性質を ① 　　　　 合う反応が起こる。この反応を，② 　　　　 という。

• 塩酸が入ったビーカーにBTB溶液を混ぜると，水溶液は ③ 　　　　 色になる。その水溶液に水酸化ナトリウムを加えると，だんだん ④ 　　　　 色へと変わっていく。このように，塩酸などの ⑤ 　　　　 と，水酸化ナトリウムなどの ⑥ 　　　　 は，混ぜるとたがいの性質を打ち消し合う。

1 右の図のように，薄い塩酸 10cm³ をビーカーにとり，
BTB 溶液を数滴加え，こまごめピペットで水酸化
ナトリウム水溶液を少しずつ加えていった。これに
ついて，次の問いに答えましょう。

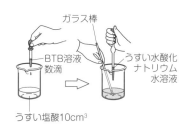

ガラス棒

BTB溶液
数滴

うすい水酸化
ナトリウム
水溶液

うすい塩酸10cm³

(1) うすい塩酸に BTB 溶液を加えると何色になります
か。

(2) 水酸化ナトリウムを少しずつ加えていくと，水溶液の色が緑色になった。これは，何
という反応が起こったからですか。

(3) (2)の変化のあとも，水酸化ナトリウムを加え続けた。すると，また水溶液の色が変わっ
た。今度は，何色に変わりましたか。

(4) (3)の状態の水溶液を，再び緑色に戻すにはどうすればよいですか。

2 うすい塩酸と水酸化ナトリウム水溶液を，次の表に示した体積の組み合わせで，そ
れぞれビーカー A ～ F に入れてよくかき混ぜた。これらの水溶液に緑色の BTB 溶
液を少量加えたところ，ビーカー D のみ緑色であった。これについて，次の問いに
答えましょう。

| ビーカー | A | B | C | D | E | F |
|---|---|---|---|---|---|---|
| うすい塩酸〔cm³〕 | 50.0 | 50.0 | 50.0 | 50.0 | 50.0 | 50.0 |
| 水酸化ナトリウム水溶液〔cm³〕 | 5.0 | 10.0 | 15.0 | 20.0 | 25.0 | 30.0 |

(1) ビーカー E の水溶液は，酸性，中性，アルカリ性のどれですか。

(2) BTB 溶液が黄色になるには，ビーカー A ～ F のどの水溶液か。すべて選びなさい。

BTB溶液が，黄色になるのは
何性のときなんだろう。

(3) ビーカー D の水溶液が緑色になった理由を簡単に答えなさい。

# 8 イオンで考える中和

中和におけるイオンのようすを知ろう

## ✔チェックしよう！

解説動画も
チェック！

### 👆イオンで考える中和

酸の水素イオンとアルカリの水酸化物イオンが結びついて中和するとき，水と塩が生じる。

（例）塩酸と水酸化ナトリウム水溶液の中和

$$HCl + NaOH \rightarrow NaCl + H_2O$$

・塩…酸の陰イオンとアルカリの陽イオンが結びついてできた物質。

塩酸と水酸化ナトリウム水溶液の
中和の場合，塩化物イオン(Cl−)と
ナトリウムイオン(Na+)によって
塩化ナトリウム(NaCl)が生じる。

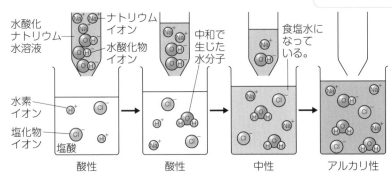

水酸化ナトリウム水溶液　ナトリウムイオン　水酸化物イオン　中和で生じた水分子　食塩水になっている。

水素イオン　塩化物イオン　塩酸

酸性　　　酸性　　　中性　　　アルカリ性

中和によって，できあがるも
のを覚えよう。

### 確認問題

 1 次の文の　　　　にあてはまることばや記号を書きましょう。

・酸性の水溶液とアルカリ性の水溶液を混ぜると，酸の ① 　　　　イオンと，

アルカリの ② 　　　　イオンが結びついて水を生成する。

・中和するときに酸の ③ 　　　　イオンとアルカリの ④ 　　　　イオン

が結びついてできた物質を， ⑤ 　　　　という。

・NaClは，酸である ⑥ 　　　　とアルカリである ⑦ 　　　　

が結びついてできる。

**1** 右の図は，水溶液 A と B の中に存在するイオンを，イラストで表したものである。水溶液 A と B を混ぜた反応について，次の問いに答えましょう。

水溶液A 　水溶液B

(1) 水溶液 A と B を混ぜることで起こる中和で，水以外に生じる物質は何ですか。名前と化学式でそれぞれ答えなさい。

　　名前 [　　　　　　]　　化学式 [　　　　　　]

(2) 水溶液 B の pH が，7 より大きいか小さいか答えなさい。

[　　　　　　]

(3) 酸とアルカリを混ぜたときに生じる，(1)のような物質を何といいますか。

[　　　　　　]

(4) 水溶液 C は，水溶液 A と水溶液 B を混ぜたあとの水溶液である。この水溶液 C に BTB 溶液を加えると何色に変化しますか。

水溶液C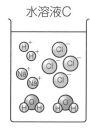

[　　　　　　]

**2** 右図のように，塩酸にマグネシウムリボンを加えたところ，気体が発生した。これについて，次の問いに答えましょう。

(1) この実験では，何という気体が発生しましたか。

[　　　　　　]

マグネシウムリボン

塩酸

(2) (1)の気体が発生していることを確かめる方法を説明しなさい。

[　　　　　　]

(3) この試験管に，水酸化ナトリウム水溶液を加えたところ，気体の発生が弱まりました。この理由を説明しなさい。

[　　　　　　]

# 1 2力のつり合い

力がつり合う条件

## ✔チェックしよう！

解説動画も
チェック！

### ☑ 2力のつり合い

1つの物体に2力が
はたらいていて，そ
の物体が動かないと
き，2力はつり合っ
ている。

 覚えよう　2力がつり合う条件

・力の大きさが等しい。　　・力の向きが反対である。　　・同一直線上にある。

どういうときに2力がつり
合うのかを思い出そう。

## 確認問題

1　次の文の ［　　　］ にあてはまることばを書きましょう。

・1つの物体に2力がはたらいていて，その物体が動かないとき，

　2力は ① ［　　　　　　　］ 。

 ・2力がつり合う条件

　　2力の ② ［　　　　　　　］ が等しい。

　　2力の ③ ［　　　　　　　］ が反対である。

　　2力は ④ ［　　　　　　　］ にある。

2　2力がつり合っている場合について，次の ［　　　］ にあてはまることばを書き
ましょう。

2力の大きさが ① ［　　　　　　　］　　　　　　　2力は ③ ［　　　　　　　］

にある。

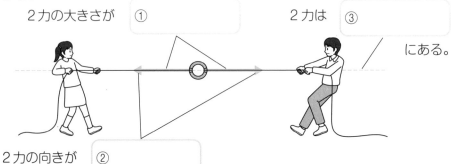

2力の向きが ② ［　　　　　　　］

**1** 右の図のように，厚紙にＡ，Ｂの穴をあけ，ばねばかりを取りつけて２方向からばねばかりを引いた。これについて，次の問いに答えましょう。

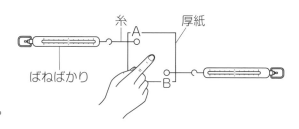

(1) ２力がつり合っているのはどれか。次から１つ選びなさい。

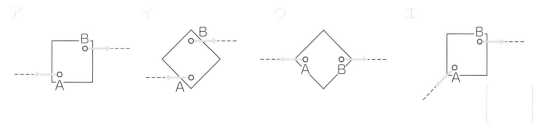

(2) ２力がつり合う条件について述べた次の文の　　　　にあてはまることばを答えなさい。
２力がつり合うときは，２力の大きさが　①　，向きは　②　であり，２力が　③　にあるときである。

| ① | ② | ③ |
|---|---|---|

**2** 右の図のように，床（ゆか）の上に物体を置き，１Ｎの力で右向きに引いたが，物体は動かなかった。これについて，次の問いに答えましょう。ただし，100ｇの物体にはたらく重力の大きさを１Ｎとする。

(1) ひもを引く前，物体には重力につり合っている力がはたらいている。この力を何といいますか。

(2) (1)の力の大きさは何Ｎですか。

　　　　　　　　　　　　　　　Ｎ

(3) 物体が動かなかったのは，物体に力Ｘがはたらいたからである。力Ｘを何といいますか。

ステップアップ

(4) (3)の力の大きさは何Ｎですか。

　　　　　　　　　　　　　　　Ｎ

物体が動かないときは，物体にはたらく２力の大きさは同じだよ。

# 2 力の合成

力の合成のしかたを理解する

## ✔チェックしよう！

解説動画も
チェック！

### 力の合成(ごうせい)

・合力…1つの物体にはたらく2つ以上の力と，同じはたらきをする1つの力。

・力の合成…合力を求めること。

〈向きがちがう2力の合成〉

2力を2辺として平行四辺形をかいたとき，対角線が2力の合力である。

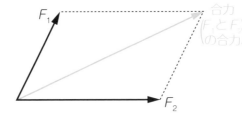

合力を求める方法を
覚えよう。

## 確認問題

**1** 次の文の　　　にあてはまることばを書きましょう。

• 1つの物体にはたらく2つ以上の力と同じはたらきをする1つの力を ①　　　
といい，①を求めることを，力の ②　　　　　 という。

• 向きがちがう2力の合力は，2力を2辺として ③　　　　　 をかいたとき，
その ④　　　　　 で表される。

**2** 次の2力 $F_1$, $F_2$ の合力をかきましょう。

(1)

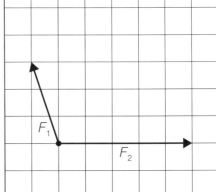

$F_1$

$F_2$

(2)

$F_1$

$F_2$

**1** 矢印で表した次の2力の合力をかきましょう。

(1)

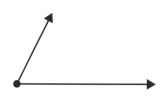

(2)

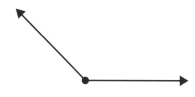

(3)

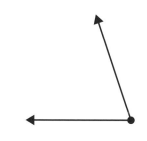

(4)

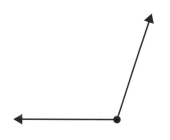

(5)

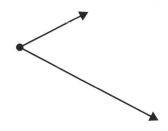

(6)

**2** 矢印で表した次の2力の合力は何Nか，求めましょう。ただし，方眼の1目盛りを1Nとする。

(1)

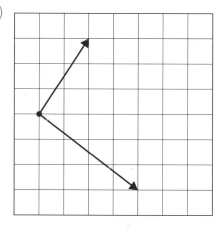

(2)

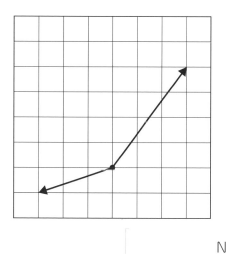

|　　　　| N | |　　　　| N |

2力の合力を作図して求めよう。

# 3 力の分解
## 分力の求め方

解説動画も
チェック！

### ✓チェックしよう！

☑ **力の分解**

・力の分解…1つの力を，それと同じはたらきをする2つ以上の力に分けること。

・分力…分解されたそれぞれの力。

〈分力の求め方〉

与えられた1つの力を対角線とし，求める方向を2辺とする平行四辺形をかくと，
2辺が分力となる。

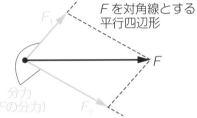

$F$ を対角線とする
平行四辺形

分力
（$F$の分力）

1つの力を2つに
分解しよう。

### 確認問題

1　次の文の□にあてはまることばを書きましょう。

・1つの力を，それと同じはたらきをする2つ以上の力に分けることを，力の

　　①　　　　という。

・分解されたそれぞれの力を　②　　　　という。

・与えられた1つの力を　③　　　　とし，求める方向を2辺とする

　④　　　　をかくと，2辺が分力となる。

2　次の力 $F$ を点線の方向に分解しましょう。

(1)

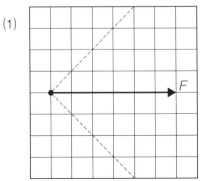

(2)

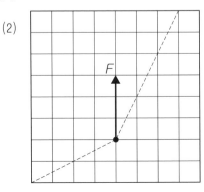

**1** 次の力 $F$ を点線の方向に分解しましょう。

(1)

(2)

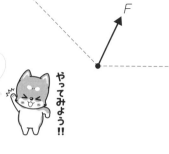

$F$を対角線とする平行四辺形を作図しよう。

やってみよう‼

(3)

(4)

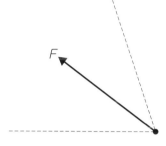

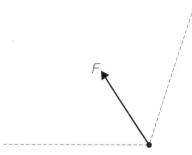

(5)

(6)

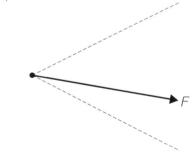

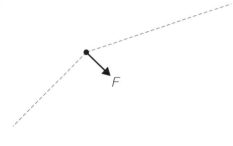

**2** 右の図は，斜面を転がる球にはたらく重力を矢印で表したものである。次の問いに答えましょう。ただし，図の1目盛りを1Nとする。

(1) この球にはたらく重力を，斜面に平行な分力と，斜面に垂直な分力に分解し，作図しなさい。

(2) 斜面に平行な分力の大きさは何Nですか。

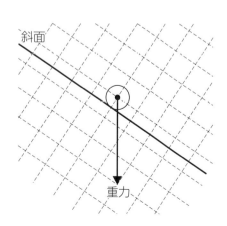

斜面

重力

$$\boxed{\phantom{xxxxxxx}} \text{N}$$

# 4 物体の運動と力の関係

## 斜面の角度の大きさと運動のようす

✔ **チェックしよう！**

解説動画も
チェック！

✅ **自由落下**…物体を真下に自然に落下させたときの運動。重力がはたらき続けるので，落下する速さはしだいに大きくなり，速さと時間は比例する。

✅ **斜面を下る物体の運動**

斜面を下る物体は，斜面に沿って下向きに，同じ大きさの力がはたらき続ける。
運動方向に力がはたらき続けると，物体の速さは大きくなる。

・斜面の傾きと物体の速さ…斜面の傾きが大きくなるほど，物体の速さのふえ方は大きくなる。

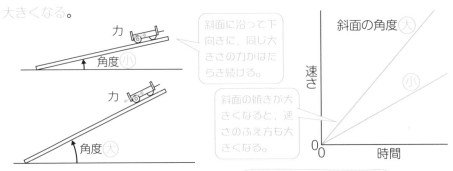

力
角度⑪

斜面に沿って下向きに，同じ大きさの力がはたらき続ける。

力

角度⑦

斜面の傾きが大きくなると，速さのふえ方も大きくなる。

斜面の角度⑦

⑪

速さ

0　　　時間

速さがだんだん大きくなる運動について理解しよう。

**確認問題** ━━━ ━━━ ━━━ ━━━ ━━━

1 次の文の ◯ にあてはまることばを書きましょう。

・運動の向きに力がはたらき続けると，物体の速さは ① ◯ なる。

・斜面を下る運動では，斜面の傾きが大きくなるほど，物体の速さのふえ方は

② ◯ なる。

2 次の問いに答えましょう。

(1) 右の図で，斜面方向の力が大きいのは，A，Bのどちらですか。

A

角度⑪

B

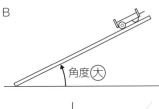

角度⑦

◯

(2) 右のグラフで，斜面の角度が大きいのは，X，Yのどちら
ですか。

◯

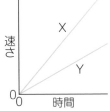

速さ

X

Y

0　　　時間

**1** 右の図のように，斜面上に台車を置き，静かに手をはなし，自然に走らせた。これについて，次の問いに答えましょう。

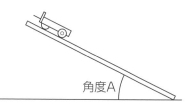

角度A

(1) 角度Aを大きくすると，台車にはたらく重力の大きさはどうなりますか。

[ ]

(2) 角度Aを大きくすると，台車にはたらく重力の斜面に平行な分力の大きさはどうなるか。次から1つ選びなさい。

　ア　大きくなる。　　　イ　小さくなる。　　　ウ　変わらない。

[ ]

(3) 台車が走っているとき，台車にはたらく力を示しているものはどれか。次から1つ選びなさい。

ア　　　　　イ　　　　　ウ　　　　　エ

物体には，面が上に押す抗力という力もはたらいているよ。

 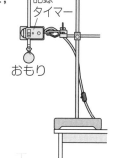

(4) 台車を走らせたときの時間と速さの間には，どのような関係がありますか。

[ ]

**2** 右の図のように，おもりに記録タイマーのテープをつけて落下させ，記録した。これについて，次の問いに答えましょう。

記録タイマー

おもり

(1) 物体が落下するときの運動を何といいますか。

[ ]

(2) 落下させてからの時間と速さの関係はどのようになるか。次から1つ選びなさい。

ア　　　　　イ　　　　　ウ　　　　　エ

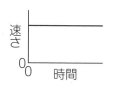 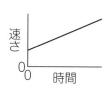 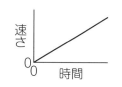 

# 5 物体に力がはたらかないときの運動

## 慣性の法則について学ぼう

解説動画も
チェック!

## ✔チェックしよう！

**慣性**

・慣性…物体が自らの運動状態を続けようとする性質。

・慣性の法則…静止していた物体→いつまでも静止し続ける。

　動いていた物体→等速直球運動を続ける。

**等速直線運動**…物体が一直線上を，一定の速さで進む運動。

物体に力がはたらかないときや物体にはたらく力がつり合っているときに等速直線運動になる。運動の向きも速さも変わらないので，動いた距離は時間に比例する。

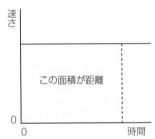

この面積が距離

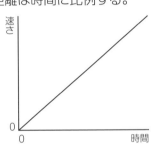

物体がある時間，等速直線運動を続けたと考えたときの速さを，平均の速さというよ。

---

## 確認問題

1 次の文の ◻ にあてはまることばを書きましょう。

・物体に力がはたらいていないとき，静止していた物体は，いつまでも

　① ◻ し続け，運動していた物体は ② ◻ 運動を続ける。

　これを ③ ◻ の法則という。

・②運動では，時間が経っても ④ ◻ は一定なので，

　移動距離は時間に ⑤ ◻ して大きくなる。

1 右の図は，停止している電車の天井からおもりをつり下げた状態を示している。これについて，次の問いに答えましょう。

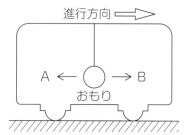

(1) 電車が急発進したとき，天井からつるしたおもりは，図のA，Bのどちらにふれますか。

(2) 電車が進行方向の向きに走っているとき，急ブレーキがかかると，天井からつるしたおもりは，図のA，Bのどちらにふれますか。

(3) おもりが(2)のように動いたのは，おもりが等速直線運動を続けようとしたからである。この性質にもとづいた法則を何の法則といいますか。

の法則

(4) (3)の法則にしたがっているものとして正しいものを，次から1つ選びなさい。
ア 斜面を転がり落ちるボールは，速さがだんだん大きくなる。
イ 月が地球のまわりを回り続けている。
ウ だるま落としで，たたいた木片だけが飛び，ほかの木片は下に落ちる。
エ ボートに乗り，オールで岸をおしたらボートが動いた。

2 右の図のように，小球をまさつのない台の上で滑らせた。始点から点A〜Dまでの距離と，ボールが始点から点A〜Dを通過するまでにかかった時間を表にまとめた。これについて，次の問いに答えましょう。

|  | 始点 | A | B | C | D |
|---|---|---|---|---|---|
| 時間(s) | 0 | 0.1 | 0.2 | 0.3 | 0.4 |
| 距離(cm) | 0 | 5 | (ア) | 15 | (イ) |

(1) 表の（ア）（イ）にあてはまる数字を答えなさい。

（ア）              （イ）

(2) ボールの運動にかかった時間と移動距離の関係を右のグラフに記入しなさい。

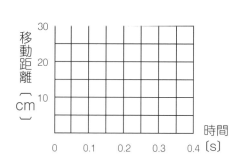

ボールの移動距離には規則性があったね。

# 6 作用・反作用の法則

## 力のおよぼし合いについて学ぼう

解説動画も
チェック！

### ✔チェックしよう！

☑ **作用・反作用**

ＡさんがＢさんをおすと，Ｂさんは右へ動く。それと同じ力の大きさで，Ａさんは反対方向への力を受け，左に動く。

力を与えると，同じ大きさの力で反対方向に押し返されることを，作用・反作用の法則という。

力を受けるのは，押された側だけじゃないよ。

### 確認問題

1　次の文の □□□ にあてはまることばを書きましょう。

・ＡさんがＢさんを押す力を作用という。このとき，ＡさんがＢさんから受ける反対方向の力を ① □□□ という。

・ＡさんとＢさんが作用，①によって受ける力の大きさは ② □□□ 。

・図のようにＡさんとＢさんが押し合っているとき，Ａさんは ③ □□□ へ，Ｂさんは ④ □□□ へ動く。

2　次の文の □□□ にあてはまることばを書きましょう。

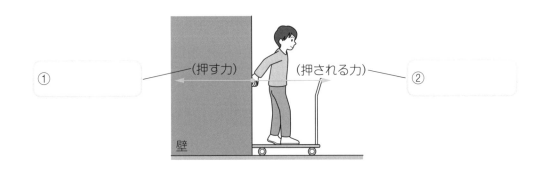

① □□□ ←（押す力）　（押される力）→ ② □□□

1　右の図のように，ローラースケートをはいた
Aさんとさんが押し合っている。これについて，次の問いに答えましょう。

(1)　AさんがBさんにおよぼす力を作用という。
このとき，BさんがAさんにおよぼす力を
何というか。

(2)　このとき動くのはAさん，Bさん，または両方のどれか。

AさんもBさんもローラースケートを
はいているから，動くことができるね

2　右の図のように，Aさんがローラースケートをはいて壁を押している。これについて，
次の問いに答えましょう。

(1)　Aさんは左右どちらの方向に進みますか。

Aさん

壁

(2)　(1)は何がAさんを押す力ですか。

(3)　(2)がAさんを押す力は，Aさんが壁を押す力の大
きさと方向はどんな関係ですか。

大きさ　　　　　　　　　　方向

3　次の文の　　　　　にあてはまることばを書きましょう。
水平な床に箱を置いたとき，箱にはたらく重力・箱が床を押す力・垂直抗力（床が箱を押す

力）の3つの力がはたらいている。このうち，つり合いの関係にある力は

①　　　　　　　と　②　　　　　　　，作用・反作用の関係にある力は

③　　　　　　　と　④　　　　　　　である。

# 7 水圧と浮力

## 水中の物体にはたらく力

## ✔チェックしよう！

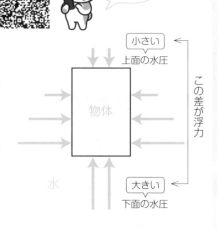

 **水圧**…水の重さによる圧力。あらゆる向きからはたらく力である。

・水圧は，物体の面に対して垂直にはたらき，深いほど水圧は大きくなる。

 **浮力**…水中にある物体が水から受ける上向きの力。浮力は，物体の上面が受ける下向きの水圧と，物体の下面が受ける上向きの水圧の差によって生じる。

・物体の沈んでいる部分の体積が大きいほど，受ける浮力は大きい。

> 深いほど水圧が強いから，物体の上面と下面が受ける水圧の大きさに差が生まれるんだ。

## 確認問題

**1** 次の文の　　　にあてはまることばを書きましょう。

 ・水の重さによる圧力を ① 　　　 といい，あらゆる向きから物体の面に対して ② 　　　 にはたらく。

 ・①は水の深さが ③ 　　　 ほど大きい。

 ・水中にある物体が水から受ける上向きの力を ④ 　　　 という。

・④は物体の沈んでいる部分の体積が大きいほど ⑤ 　　　 。

**2** 水中の物体にはたらく圧力の向きとして適切なものを次のア〜エから選びましょう。矢印の長さは力の大きさを表しています。

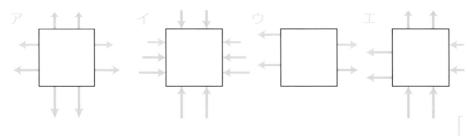

1　右の図のように，体積が等しいおもりA〜
　Cにはたらく重力をばねばかりで測ったあ
　と，3つのおもりを水中にしずめてばねば
　かりの値を記録した。これについて次の問
　いに答えましょう。

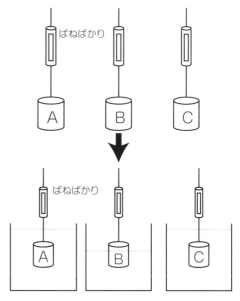

| | 空気中[N] | 水中[N] |
|---|---|---|
| A | 0.56 | 0.19 |
| B | 0.56 | 0.28 |
| C | 0.48 | 0.11 |

(1)　水の重さによる圧力を何というか答えな
　　さい。

(2)　水中で物体が水から受ける上向きの力を何というか答えなさい。

(3)　上の表は，おもりA〜Cそれぞれの空気中，水中でのばねばかりが示した値を示して
　　いる。この表から，それぞれのおもりに対してはたらく(2)の大きさを答えなさい。

　　　　　　　　　A　　　　　　　　B　　　　　　　　C

(4)　AとBは空気中でばねばかりが示す値は同じであるが，水中に沈めたときの値が異な
　　る。理由を簡単に説明しなさい。

(5)　おもりAを水中でさらに深くに沈めた。このとき，ばねばかりが示す値はどうなりま
　　すか。

(6)　(5)の答えの理由を「体積」ということばを使って説明しなさい。

水中での物体の位置している深さは水圧に
は影響するけど，浮力には影響しないよ。

注意！

# 8 仕事・仕事の能率

## 仕事とは何か学ぼう

解説動画も
チェック!

### ✔チェックしよう!

☑ **仕事**…物体に力を加え，その物体を力の向きに移動させたとき，力がその物体に対して「仕事をした」という。

　仕事の単位はジュール（記号 J）である。

☝**覚えよう** 仕事〔J〕＝力の大きさ〔N〕×力の向きに動いた距離〔m〕

☑ **仕事率**…1秒間あたりにする仕事。

　仕事率の単位はワット（記号 W）である。

力が加わっても，動かなければ仕事をしたことにはならない。

☝**覚えよう** 仕事率〔W〕＝ $\dfrac{仕事〔J〕}{仕事にかかった時間〔s〕}$

☑ **仕事の原理**…同じ仕事をするのに，道具を使っても使わなくても，仕事の大きさは変わらないこと。

単位に
気をつけよう。

### 確認問題

1 次の文の ▢ にあてはまることばや記号を書きましょう。

- 物体に力を加え，その物体を力の向きに移動させたとき，力がその物体に対して ① ▢ をしたという。単位は ② ▢ である。

- 仕事〔J〕＝ ③ ▢ 〔N〕× ④ ▢ 〔m〕

- 1秒間あたりにする仕事を ⑤ ▢ という。単位は ⑥ ▢ である。

- 仕事率〔W〕＝ $\dfrac{⑦ ▢ 〔J〕}{⑧ ▢ 〔s〕}$

2 次の問いに答えましょう。ただし，100g の物体にはたらく重力の大きさを1N とする。

(1) 物体に3Nの力を加え，力の向きに25m動かした。このとき，物体にした仕事は何Jですか。

▢ J

(2) 質量10kgの物体を3m引き上げるのに5秒かかった。このときした仕事の仕事率は何Wですか。

▢ W

**1** 次の問いに答えましょう。ただし，100g の物体にはたらく重力の大きさを 1 N とする。

(1) 仕事の大きさを求める次の式の　　　　　にあてはまることばを答えなさい。

仕事〔J〕＝ 　①　 の大きさ〔N〕× ①の向きに動いた 　②　 〔m〕

　　　　　　　　　　　　　　　①　　　　　　　　　　　　　②

(2) 物体に 8 N の力を加え，力の向きに 15m 動かした。このとき，物体にした仕事は何 J ですか。

　　　　　　　　　　　　　　　　　　　　　　　　　　　　　　J

(3) 質量 3 kg のおもりを 80cm 持ち上げた。このとき，物体にした仕事は何 J ですか。

　　　　　　　　　　　　　　　　　　　　　　　　　　　　　　J

(4) まさつ力 80N の物体を，一定の速さで 1.2m 動かした。このとき，物体にした仕事は何 J ですか。

　　　　　　　　　　　　　　　　　　　　　　　　　　　　　　J

**2** 次の問いに答えましょう。ただし，100g の物体にはたらく重力の大きさを 1 N とする。

(1) 質量 5 kg の物体を 2 m 引き上げるのに 4 秒かかった。このときした仕事の仕事率は何 W ですか。

　　　　　　　　　　　　　　　　　　　　　　　　　　　　　　W

(2) 質量 2 kg の荷物を 90cm 持ち上げるのに 2 秒かかった。このときした仕事の仕事率は何 W ですか。

　　　　　　　　　　　　　　　　　　　　　　　　　　　　　　W

(3) まさつ力 8 N の物体を，一定の速さで 60cm 動かすのに 4 秒かかった。このときした仕事の仕事率は何 W ですか。

　　　　　　　　　　　　　　　　　　　　　　　　　　　　　　W

**3** 下の図のように，質量 12kg のおもりを 2 m の高さまで引き上げた。これについて，次の問いに答えましょう。ただし，100g の物体にはたらく重力の大きさを 1N とする。

(1) このとき，物体にした仕事は何 J ですか。

　　　　　　　　　　　　　　　　　　J

(2) おもりを引き上げるのに 15 秒かかった。このときした仕事の仕事率は何 W ですか。

　　　　　　　　　　　　　　　　　　W

12kg
2m

仕事や仕事率の計算をするときの単位に気をつけよう。
力の大きさは「N」に，距離は「m」に，時間は「s」にするよ。

# 9 位置エネルギーと運動エネルギー

## エネルギーについて覚える

解説動画も
チェック!

### ✔チェックしよう!

☑ **エネルギー**…ほかの物体に力を加えて，
仕事をする能力。単位はジュール（記号 J）。

☝ **位置エネルギー**…高いところにある物体がもっ
ているエネルギー。物体の位置が高いほど大きく，
物体の質量が大きいほど大きい。

✌ **運動エネルギー**…運動している物体がもってい
るエネルギー。物体の速さが大きいほど大きく，
物体の質量が大きいほど大きい。

🤟 **力学的エネルギー**…位置エネルギーと運動エネ
ルギーの和のこと。

高いところにある物体ほど，
位置エネルギーは大きい。

2つのエネルギーに
ついて覚えよう。

## 確認問題

1 次の文の ____ にあてはまることばを書きましょう。

・ほかの物体に力を加えて，仕事をする能力を ① ____ という。

・高いところにある物体がもっているエネルギーを ② ____ といい，物体
の位置が ③ ____ ほど大きく，物体の質量が ④ ____ ほど大きい。

・運動している物体がもっているエネルギーを ⑤ ____ といい，物体の
速さが ⑥ ____ ほど大きく，物体の質量が ⑦ ____ ほど大きい。

・②と⑤の和を ⑧ ____ という。

2 次の ____ にあてはまることばを書きましょう。

高いところにある物体は

① ____

をもっている。

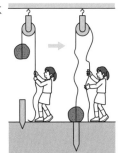

運動している物体は

② ____ をもっている。

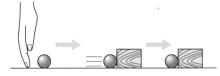

1 図1のように，斜面に小球を置いて静かに手をはなし，水平面上に置いてある木片に衝突させた。図2は，質量20gの小球を用いて，はなす高さを変えたときの結果をグラフに表したものである。図3は，はなす高さを10cmにして，小球の質量を変えたときの結果をグラフに表したものである。これについて，次の問いに答えましょう。

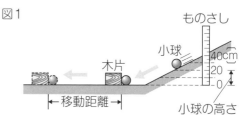

図1

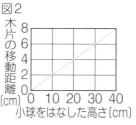

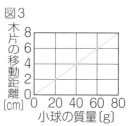

(1) 小球をはなした高さと，木片の移動距離には，どのような関係がありますか。

の関係

(2) 20gの小球を60cmの高さからはなすと，木片は何cm移動すると考えられますか。

cm

(3) 小球の質量と，木片の移動距離には，どのような関係がありますか。

の関係

(4) 100gの小球を10cmの高さからはなしたとき，木片は何cm移動すると考えられますか。

cm

↗ ステップアップ

(5) 60gの小球を20cmの高さからはなしたとき，木片は何cm移動すると考えられますか。

60gの小球を10cmの高さからはなしたときをもとに考えよう。

cm

2 右の図のように，レールの上で小球を転がして木片に衝突させ，木片の移動距離を測定すると，小球の質量と衝突直前の速さは表のようになった。これについて，次の問いに答えましょう。

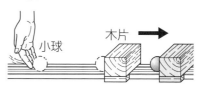

(1) AとBでは，どちらが大きい運動エネルギーをもっていますか。

(2) 木片が動いた距離が最も大きかったのはA～Dのどれですか。

|  | 小球の質量 | 衝突直前の速さ |
|---|---|---|
| A | 30g | 15cm/s |
| B | 30g | 25cm/s |
| C | 40g | 15cm/s |
| D | 40g | 25cm/s |

# 10 エネルギーの種類と変換

## エネルギーと発電

### ✔チェックしよう！

### ☝ エネルギー

・エネルギーの種類…電気エネルギー，熱エネルギー，光エネルギー，化学エネルギー，音エネルギーなど。

・エネルギーの移り変わり…エネルギーは，たがいに別のエネルギーに移り変わることができる。

### ✌ おもな発電のしくみ

・水力発電…ダムの水の位置エネルギーを利用
位置エネルギー→電気エネルギー

・火力発電…化石燃料の化学エネルギーを利用 ◁ 石油，石炭，天然ガスなどのこと。
化学エネルギー→熱エネルギー→電気エネルギー

・原子力発電…ウラン原子の核分裂によって出る核エネルギーを利用
核エネルギー→熱エネルギー→電気エネルギー

エネルギーにはいろいろな種類があるよ。

### ✌ 新しいエネルギー資源

・発電の種類…風力発電，太陽光発電，地熱発電，ごみ発電，波力発電，バイオマス発電など。

⇨太陽光や風，地熱などのエネルギー資源は，枯渇するおそれがほとんどない。
このようなエネルギー資源を総称して再生可能エネルギーという。

エネルギーの移り変わりの例

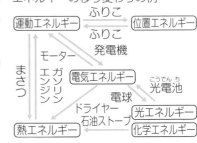

## 確認問題

☝ **1** エネルギーの移り変わりについて，図の①〜⑤にあてはまることばを書きましょう。

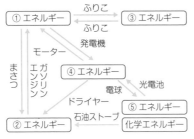

①

②

③

④

⑤

✌ **2** エネルギーの変換について，次の　　　　にあてはまることばを書きましょう。

(1) 水力発電
位置エネルギー →

(2) 火力発電
化学エネルギー → 　　　　　　→ 電気エネルギー

1 右の図の A，B は，発電のしかたを模式的に表したものである。これについて，次の問いに答えましょう。

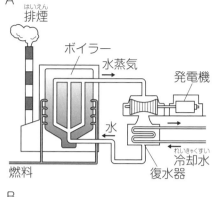

(1) A，B の発電方法を何発電といいますか。

　　A 　　　　　　　発電 　B 　　　　　　　発電

(2) 石油，石炭，天然ガスなどの燃料をまとめて何といいますか。

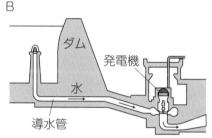

(3) (2)の燃料を利用した発電は，図の A，B のどちらですか。

(4) 地球温暖化に影響のある気体を排出する発電方法は，図の A，B のどちらですか。

(5) 図の B の発電方法によるエネルギーの変換を表したものとして正しいものを，次から1つ選びなさい。

　　ア　位置エネルギー→電気エネルギー
　　イ　核エネルギー→熱エネルギー→電気エネルギー
　　ウ　化学エネルギー→熱エネルギー→電気エネルギー
　　エ　化学エネルギー→運動エネルギー→電気エネルギー

2 新しいエネルギー資源について，次の問いに答えましょう。

(1) 風の運動エネルギーを利用した発電方法を何といいますか。

(2) 地下のマグマの熱エネルギーを利用した発電方法を何といいますか。

(3) 工場で生じる廃材の燃焼，家畜のふん尿から得られるメタンガス，サトウキビやトウモロコシなどから得られるエタノールなどを利用して発電する方法を何といいますか。

↗ ステップアップ

(4) 近年，太陽光や風，地熱などの再生可能エネルギーが期待されているのはなぜか。簡単に説明しなさい。

化石燃料は埋蔵量が限られているよ。

重要!!

# 11 エネルギーの変換効率と熱の伝わり方

## エネルギーの変換について学ぼう

解説動画も
チェック!

## ✔チェックしよう!

 **エネルギーの変換効率**

・エネルギー保存の法則…エネルギーは変換前と変換後で総量は変わらないこと。

・エネルギーの変換効率…もとのエネルギーから目的とするエネルギーに変換できる割合。

(例) 13.2J の電気エネルギーから 2.0J の位置エネルギーが得られた。
このときの変換効率を求める。
$2.0 \div 13.2 \times 100 = 15.2$
よって, エネルギーの変換効率は 15.2%となる。

目的のエネルギーにはならなかったものも変換後のエネルギーに含めれば, エネルギー保存の法則は成立するよ。

 **熱の伝わり方**

・熱伝導（伝導）…物体が接しているとき, 高温の物体から低温の物体に熱が移動すること。

・対流…液体や気体の温度の高い部分は上へ, 低い部分は下へ流れていくこと。

・熱放射（放射）…高温になった物体が光や赤外線などを出し, まわりの物体に熱が移動していくこと。

## 確認問題

 1 エネルギーの変換が次のように行われているときのエネルギーの変換効率を求めましょう。

(1) 光エネルギー (100J) →電気エネルギー (30J)

(2) 運動エネルギー (80J) →熱エネルギー (40J)

(3) 位置エネルギー (60J) →運動エネルギー (15J)

 2 次の問いに答えましょう。

(1) 物体が接しているとき, 高温の物体から低温の物体に熱が移動することを何といいますか。

(2) 高温になった物質が光や赤外線などを出し, まわりの物体に熱が移動していくことを何といいますか。

**1** 右の図のように，光電池にモーターをつないで太陽光
をあてた。すると，モーターは熱くなって回転した。
これについて，次の問いに答えなさい。

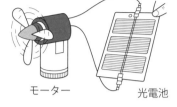
モーター　　　　　　　　光電池

(1) 光電池は何エネルギーを何エネルギーに変換させているのか答えなさい。

　　　[　　　　　　]エネルギー → [　　　　　　]エネルギー

(2) モーターは何エネルギーを何エネルギーと何エネルギーに変換させているのか答えなさい。

　　　[　　　]エネルギー → [　　　]エネルギー ＋ [　　　]エネルギー

(3) いろいろなエネルギーは，器具や装置を使ってたがいに変換することができるが，エネルギーの総量は一定である。これを何といいますか。

[　　　　　　　　　　　　]

(4) 実際には，空気の抵抗やまさつ力などがはたらき，すべてのエネルギーを変換することはできない。一部のエネルギーは何になって外へ出て行きますか。

　　　モーターをさわると熱くなっていることから考えよう。

[　　　　　　　　　　　　]

**2** 熱の伝わり方について，次の問いに答えましょう。

(1) 太陽の光に照らされると，光が当たっている面が熱くなる。このような熱の伝わり方を何といいますか。

[　　　　　　　　　　　　]

(2) フライパンを火にかけると，火があたっている部分から周囲に熱が伝わる。このような熱の伝わり方を何といいますか。

[　　　　　　　　　　　　]

(3) 対流の説明として正しいものを，次から1つ選びなさい。

　ア　あたためられた物質が下にいき，下にある冷たい物質が上にいき，熱が伝わる。
　イ　あたためられた物質が上にいき，上にある冷たい物質が下にいき，熱が伝わる。
　ウ　あたためられた物質も冷たい物質も移動せず，混ざり合わない。

[　　　　　　　]

(4) 「エネルギー変換効率」とはどのようなことか説明しなさい。

[　　　　　　　　　　　　　　　　　　　　　　　　　　]

# 1 生活を支えるエネルギー

生活の中のエネルギーを知ろう

## ✔チェックしよう！

解説動画も
チェック！

 **生活の中のエネルギー**

私たちのくらしにおいて，エネルギーは欠かせないものになっている。

・直接的に消費されているエネルギー

（例）電気，ガス，ガソリン，灯油など

・間接的に消費されているエネルギー

（例）食料，洋服の製造に用いられる原材料の生産や製造，加工，それらの輸送など

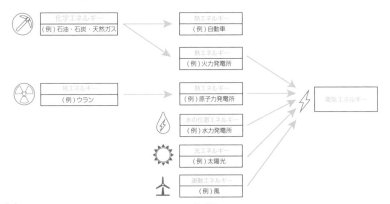

 **化石燃料**…大昔に生きていた動植物の遺骸などの有機物が，長い年月を経てエネルギー資源へと変化したもの。

（例）石炭，石油，天然ガスなど

みんなのくらしは，エネルギーのおかげ
で便利になってきたんだね。

## 確認問題

 **1** 次の文の ＿＿＿ にあてはまることばを書きましょう。

・火力発電では，石油や石炭の ① ＿＿＿ エネルギーは ② ＿＿＿

エネルギーへと変換された後，電気エネルギーへと変換される。

・原子力発電では，ウランの ③ ＿＿＿ エネルギーを最終的に電気エネルギー

へと変換する。

・太陽光発電では，④ ＿＿＿ エネルギーを電気エネルギーへと変換する。

・風力発電では，風の ⑤ ＿＿＿ エネルギーを電気エネルギーへと変換する。

1 下の図は，私たちのくらしに関わるエネルギーの流れを表した図である。これについて，次の問いに答えましょう。

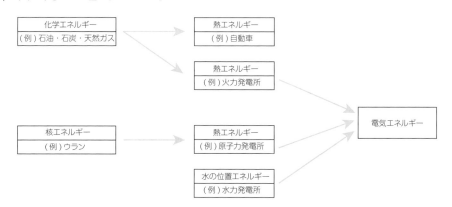

(1) くらしとエネルギーについて述べた文として，正しいものを次から1つ選びなさい。

　ア　私たちのくらしは，電気エネルギーのみで成り立っている。

　イ　多くの場合，エネルギー資源を電気エネルギーに変換し，家庭などで利用している。

　ウ　現在，石油の利用にはほとんど頼っていない。

　エ　エネルギーはすべて固形に変換して利用される。

(2) 水力発電は，水の何エネルギーを利用して電気エネルギーを生み出す発電方法ですか。

(3) 火力発電は化石燃料がもつ何というエネルギーを利用する発電方法ですか。

(4) 原子力発電はウランなどがもつ何というエネルギーを利用する発電方法ですか。

(5) 再生可能エネルギーについて述べた文として，正しいものを次から1つ選びなさい。

　ア　再生可能エネルギーは，私たちのくらしには利用されていない。

　イ　再生可能エネルギーは，再生可能なエネルギー資源を電気などに変換して利用される。

　ウ　石油などの資源よりも，再生可能エネルギーの方が大きな電気エネルギーを生み出すことができる。

　エ　再生可能エネルギーは，1900年代前半より私たちの生活に利用されてきた。

再生可能エネルギーは，新しいエネルギー資源といわれているね。

## 第４章　エネルギーと生活

# 2 エネルギー利用上の課題

エネルギー問題について考えよう

## ✔チェックしよう！

 **エネルギー利用上の課題**

化石燃料や，核燃料を利用する発電方法は，エネルギー資源の枯渇の問題や，社会全体として解決しなければならない以下のような課題がある。

・火力発電に用いられる化石燃料は，このまま採掘を続けると枯渇する恐れがある。また，燃料の燃焼により発生する二酸化炭素は，地球温暖化の原因となっている。

・原子力発電には，核燃料の放射性廃棄物が出す放射線の問題や，安全管理の問題がある。

再生可能エネルギーによる発電は，二酸化炭素の排出量が少ないため環境への負荷が小さいとされているが，以下のような課題がある。

・水力発電は，大規模なダムの建設が必要で，環境に負荷を与える。

・太陽光発電は，天候によって発電量が左右されてしまい，安定した供給が難しい。

・風力発電は，風車の回転によって周辺地域の振動や騒音の問題がある。

 **エネルギーの有効活用**

・私たちのくらしはエネルギーを重要な基盤にしているため，未来の世代までエネルギー資源を利用していける社会を構築する必要がある。このような社会を持続可能な社会という。

> エネルギー資源の活用には，様々な課題があるんだね。

## 確認問題

**1** 次の文の　　　　にあてはまることばを書きましょう。

・火力発電において，化石燃料の燃焼により発生する大量の　①　　　　　　が地球温暖化の原因の１つになっている。

・再生可能エネルギーを使用した発電では　②　　　　　　の排出量が少ないため環境への負荷が小さい。

・太陽光発電は　③　　　　　に左右されて安定した電力供給が難しい。

・風力発電は，風車の回転による周辺地域の　④　　　　　や　⑤　　　　　　の問題がある。

・私たちは，限られた資源を有効に使い，未来の世代のために　⑥　　　　　　な社会をつくっていくことが求められる。

1 下の図は，各国のエネルギー利用の状況を
表すグラフである。次の問いに答えましょう。

二酸化炭素の排出は，地球温暖化
につながってしまうね。

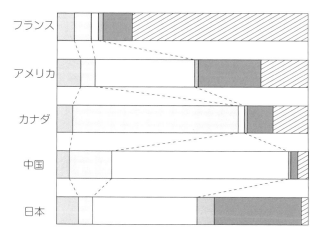

| | |
|---|---|
| A | 石油・その他 |
| B | 天然ガス |
| C | 原子力 |

(1) 図のAは，再生可能エネルギーである。これに関して，正しいものを次から1つ選び
なさい。

　ア　再生可能エネルギーの利用は，環境への負荷が少ない上，発電コストも低い。

　イ　再生可能エネルギーを利用した発電所は，設置場所を選ばないので，多くの発電
　　　所が設置されている。

　ウ　再生可能エネルギーの中には，天候によって発電量が左右されてしまうものもある。

(2) 図のBは，水の位置エネルギーを利用して得られるエネルギーである。このエネルギー
を利用した発電方法で，環境への負荷の点で懸念されている課題は何ですか。

(3) 図のCの資源を利用した発電方法には，二酸化炭素の排出という課題がある。この発
電方法を何といいますか。

2 持続可能な社会について，次の問いに答えましょう。

(1) 持続可能な社会について説明した次の文にあてはまることばを書きなさい。
持続可能な社会とは，将来世代まで限られた（　　）を利用することができる社会の
ことである。

ステップアップ

(2) 持続可能な社会の実現のために注目されている，木片や落ち葉などの生物資源を利用
した発電方法を何といいますか。

# 1 太陽系の天体

## 太陽系の惑星を覚える

✔チェックしよう！

解説動画も
チェック！

### ✓ 惑星

☞ 惑星…太陽のまわりを公転している天体。

水星，金星，地球，火星，木星，土星，天王星，海王星の8つ。

- ・内惑星…地球よりも内側を公転する惑星。水星，金星。
- ・外惑星…地球よりも外側を公転する惑星。火星，木星，土星，天王星，海王星。
- ・地球型惑星…おもに岩石でできていて，密度が大きい惑星。

　　　　　　水星，金星，地球，火星。

- ・木星型惑星…気体が多く，密度が小さい惑星。

　　　　　　木星，土星，天王星，海王星。

### ☞ 太陽系のそのほかの天体

- ・衛星…惑星のまわりを公転している天体。
- ・小惑星…おもに火星と木星の間にあって，太陽のまわりを公転している小さな天体。
- ・すい星…氷のかたまり，ガス，ちりなどがあつまってできた天体。

惑星には地球型惑星と
木星型惑星があるんだ。

## 確認問題

**1** 次の文の ⬚ にあてはまることばを書きましょう。

- ・太陽のまわりを公転している8つの天体を ① ⬚ といい，太陽に近いほうから順に，水星，② ⬚ ，地球，③ ⬚ ，木星，土星，天王星，海王星と並んでいる。

- ・おもに岩石でできていて，密度が大きい惑星を ④ ⬚ 型惑星，気体が多く，密度が小さい惑星を ⑤ ⬚ 型惑星という。

- ・地球のまわりを公転している ⑥ ⬚ のように，惑星のまわりを公転している天体を ⑦ ⬚ という。

- ・おもに火星と木星の間にあって，太陽のまわりを公転している小さな天体を ⑧ ⬚ という。

**1** 右の表は，太陽のまわりを回る惑星の特徴（とくちょう）をまとめたものである。これについて，次の問いに答えましょう。

| | 太陽からの<br>平均距離（へいきんきょり）<br>〔億 km〕 | X | 直径<br>〔地球＝１〕 |
|---|---|---|---|
| A | 0.58 | 0.24 | 0.38 |
| B | 1.08 | 0.62 | 0.95 |
| C | 1.50 | 1.00 | 1.00 |
| D | 2.28 | 1.88 | 0.53 |
| E | 7.8 | 11.9 | 11.2 |
| F | 14.3 | 29.5 | 9.4 |
| G | 28.8 | 84 | 4.0 |
| H | 45 | 165 | 3.9 |

(1) 表のXにあてはまるものは何か。次から１つ選びなさい。

　　ア　自転周期（じてんしゅうき）〔日〕
　　イ　公転周期〔年〕
　　ウ　体積〔地球＝１〕
　　エ　質量〔地球＝１〕

(2) すべての惑星にあてはまる特徴として正しいものを，次から１つ選びなさい。

　　ア　自ら光りかがやいている。
　　イ　衛星を１つもつ。
　　ウ　酸素や水がある。
　　エ　ほぼ同じ平面上を公転している。

８つの惑星の特徴を考えよう。

(3) 表のA，E，Gにあてはまる惑星の名前を答えなさい。

　　A　　　　　　　E　　　　　　　G

(4) A〜Hのうち，内惑星はどれか。すべて選びなさい。

(5) A〜Hのうち，地球型惑星はどれか。すべて選びなさい。

(6) 木星型惑星の特徴として正しいものを，次から１つ選びなさい。

　　ア　岩石でできていて，密度が大きい。
　　イ　岩石でできていて，密度が小さい。
　　ウ　気体が多く，密度が大きい。
　　エ　気体が多く，密度が小さい。

(7) おもにDとEの間にあって，太陽のまわりを公転している小さな天体を何といいますか。

第5章　地球と宇宙

# 2 自ら光を出す天体
太陽のつくりと動き方を覚えよう

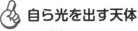チェックしよう！

解説動画も
チェック！

👆 **自ら光を出す天体**

・恒星…太陽のように，自ら光を出してかがやいている天体。
・恒星どうしの間隔は非常に遠く，単位は光年（光が1年間に進む距離）で表される。
　地球から見える恒星の明るさは等級で表す。

✌ **太陽のすがた**

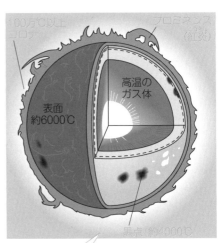

・太陽…直径が地球の約109倍の球形の天体。
　　　　表面温度は約6000℃。
・黒点…太陽の表面にある黒い斑点のような
　　　　部分。まわりより温度が低い（約
　　　　4000℃）。
・太陽の自転…黒点の位置が移動することか
　　　　ら太陽が自転していることが
　　　　わかる。
・太陽のかたち…黒点の形が中央では丸く，
　　　　周辺部ではだ円形に見える
　　　　ことから，太陽は球形であ
　　　　ることがわかる。

まわりより温度が低いため
黒く見える。

黒点の観察から，太陽が球形で，
自転していることがわかるよ。

確認問題

**1** 次の文の ▢ にあてはまることばや数字を書きましょう。

・太陽のように，自ら光を出してかがやいている天体を ① という。

・太陽は地球の約 ② 倍の大きさで，表面温度は約 ③ ℃
　である。

・太陽の表面にある黒い斑点のような部分を ④ といい，まわりより温
　度が ⑤ ために黒く見える。

・黒点を観察すると，黒点が移動していくのがわかる。このことから，太陽は
　⑥ していることがわかる。

・黒点は，太陽の中央では丸く，周辺部ではだ円形に見えることから，太陽は
　⑦ あることがわかる。

1 右の図は，太陽の構造を示したものである。これについて，次の問いに答えましょう。

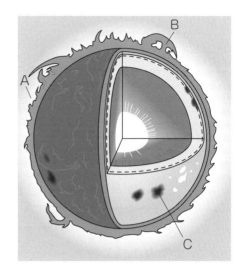

(1) 太陽の直径は，地球の直径の約何倍か。次から1つ選びなさい。

 ア 約90倍  イ 約109倍

 ウ 約190倍  エ 約900倍

(2) 太陽の表面温度は約何℃か。次から1つ選びなさい。

 ア 約4000℃  イ 約5000℃

 ウ 約6000℃  エ 約7000℃

(3) 図のAは太陽を取りまく高温のうすいガスの層，Bは太陽の表面からふき出す炎状のガスの動き，Cは太陽の表面にある黒い斑点のような部分である。A〜Cをそれぞれ何というか。名前を答えなさい。

 A     B     C

↗ ステップアップ

(4) 図のCの部分が黒く見えるのはなぜか。簡単に説明しなさい。

2 右の図は，太陽の表面を天体望遠鏡で観察したときの黒点のようすを表したものである。これについて，次の問いに答えましょう。

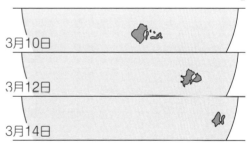

3月10日

3月12日

3月14日

太陽も地球と同じような運動をしているよ。

(1) 図のように，黒点の位置が変化するのはなぜか。次から1つ選びなさい。

 ア 地球が自転しているから。

 イ 地球が太陽のまわりを公転しているから。

 ウ 太陽が自転しているから。

 エ 太陽が地球のまわりを公転しているから。

↗ ステップアップ

(2) 図のように，中央では丸く見えた黒点が，周辺部ではだ円形に見えることからどのようなことがわかるか。簡単に書きなさい。

# 3 天体の1日の動き

地球の自転と天体の運動を理解しよう

解説動画も
チェック!

## ✔チェックしよう！

### 🖕 地球の自転と天体の運動

・地球の自転…地球が地軸を中心に，西から東へ1日に1回転すること。

・日周運動…太陽や星などの天体が，1日に1回地球のまわりを回るように見える
こと。地球の自転によって起こる見かけの運動である。

・南中…太陽や星などの天体が真南にきたときのこ
と。そのときの天体の高度を南中高度という。

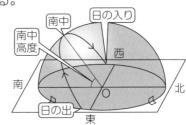

### ✌ 太陽の1日の動き

・太陽の日周運動…太陽は，東からのぼり，南の空
を通って，西に沈む。

### 🤟 星の1日の動き

・星の日周運動…星は，東から西に1日に1回転して
いるように見える。1時間では約15°動いて見える。

地球の自転によって
起こる見かけの運動。

・北の空…北極星を中心に，反時計回りに動く。

・東の空…右ななめ上向きに動く。

・南の空…東から西へと動く。

・西の空…右ななめ下向きに動く。

太陽や星の1日の動きは地球の
自転が関係しているよ。

---

## 確認問題

**1** 次の文の ☐ にあてはまることばを書きましょう。

🖕 ・地球は ① [　　　] を中心に，西から東へ1日に1回転している。これを地球
の ② [　　　] という。

✌ ・太陽や星などの天体が真南にきたときのことを ③ [　　　] といい，そのとき
の高度を ④ [　　　] という。

✌ ・太陽は ⑤ [　　　] からのぼり，⑥ [　　　] の空を通って ⑦ [　　　]
に沈む。

🤟 ・星は，⑧ [　　　] から ⑨ [　　　] に1日に1回転しているように見え
る。これを星の ⑩ [　　　] という。

**1** 日本のある地点で，太陽の１日の動きを観察 図1
した。図１は，10 時から１時間ごとに太陽の
位置を・印で透明半球に記録し，なめらかな
曲線で結んだものである。×印のＰは太陽が
真南にきたときを表し，点Ａ〜Ｄは円の中

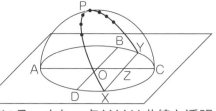

心Ｏから見た東西南北のいずれかの方位を表している。また，点 X,Y は曲線と透明
半球のふちとの交点で，点Ｚは直線 XY と直線 AC との交点である。これについて，
次の問いに答えましょう。

(1) 太陽の位置を透明半球に記録するとき，ペン先の影をどこに合わせるか，図の記号か
ら１つ選びなさい。

(2) 点Ａ〜Ｄの方位をそれぞれ東西南北で答えなさい。

A　　　　B　　　　C　　　　D

(3) 太陽の南中高度を表したものを，次から１つ選びなさい。

　ア　∠ PZA　　　イ　∠ POA　　　ウ　∠ PCA　　　エ　∠ PAC

↗ ステップアップ

(4) 図２は，曲線 XY 上に紙テープを重ね，透明半球につけられた●印をうつしたもので
ある。この日の日の出の時刻は何時何分か。あとのア〜エから１つ選びなさい。

図2

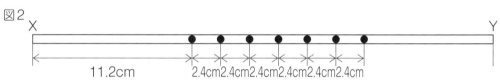

X　　　　　　　　　　　　　　　　　　　　　　　　　　　　　　Y

11.2cm　　　2.4cm 2.4cm 2.4cm 2.4cm 2.4cm 2.4cm

　ア　５時 10 分　　イ　５時 20 分
　ウ　５時 30 分　　エ　５時 40 分

> １時間に 2.4cm 動いているこ
> とをもとに考えよう。

考えよう

**2** 右の図は，オリオン座を２時間おきに観察し，スケッチしたもので，Ｘは 20 時の位
置を示している。これについて，次の問いに答えましょう。

(1) 図のＰの方位を東西南北で答えなさい。

(2) 図のＹは何時のオリオン座の位置を示しているか。
次から１つ選びなさい。

　ア　16 時　　イ　18 時
　ウ　22 時　　エ　24 時

↗ ステップアップ

(3) 図のように，星が時間とともに動いて見えるのはなぜか。理由を簡単に説明しなさい。

# 4 太陽の1年の動きと星座の移り変わり

地球の公転と天体の運動について知ろう

## ✔チェックしよう！

### 地球の公転と天体の運動

・地球の公転…地球が太陽のまわりを1年で1周すること。

・年周運動…太陽や星が，地球のまわりを1年で1周しているように見えること。
地球の公転による見かけの運動である。

### 太陽の1年の動き

・太陽は，星座の中を，西から東へ1年で1周しているように見える。

・黄道…天球上の太陽の見かけの通り道。

### 星座の1年の動き

・同じ時刻に見える星座の位置
…東から西へ1か月に約30°動いて
見える。

・星座の南中時刻
…1日に約4分ずつ早くなる。

1か月に約2時間ずつ早くなる。

〈毎月15日20時のオリオン座の位置の変化〉

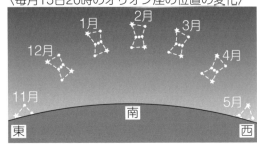

太陽や星の1年の動きは地球の公転が関係しているんだね。

## 確認問題

1 次の文の ▢ にあてはまることばや数字を書きましょう。

・地球が太陽のまわりを1年で1周することを地球の ① という。

・太陽や星が，地球のまわりを1年で1周しているように見える見かけの運動を
② という。

・太陽は，星座の中を ③ から ④ へ1年で1周しているように見える。また，天球上の太陽の見かけの通り道を ⑤ という。

・同じ時刻に見える星座の位置は，⑥ から ⑦ へ1日に
約 ⑧ 動いて見える。

・星座の南中時刻は，1日に約 ⑨ 分ずつ早くなる。

1 右の図は，太陽と春夏秋冬の地球，それを囲む天球上の一部の星座を表したもので，Xは天球上における太陽の見かけの通り道である。これについて，次の問いに答えましょう。

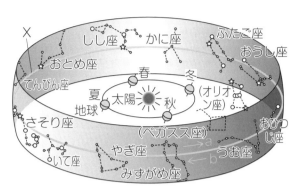

(1) 天球上の太陽の通り道Xを何といいますか。

[          ]

(2) 太陽は，星座の中をa，bどちらの向きに動いて見えますか。

[          ]

(3) 夏に真夜中の南の空に見える星座として正しいものを，次から1つ選びなさい。

　　ア　しし座　　　　イ　オリオン座　　　ウ　さそり座　　　エ　ペガスス座

[          ]

2 右の図は，日本のある地点で，毎月15日の22時の南の空に見えるオリオン座の位置を観察し，記録したもので，Dは1月15日の位置を示している。これについて，次の問いに答えましょう。

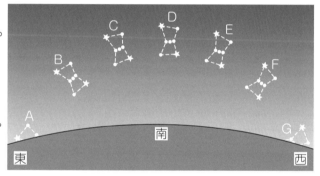

(1) 同じ時刻に見える星座の位置は，1か月に約何度動いて見えるか。次から1つ選びなさい。

　　ア　1°　　　イ　10°
　　ウ　15°　　　エ　30°

[          ]

(2) 22時にオリオン座がBの位置に見えたのはいつか。次から1つ選びなさい。

　　ア　11月15日　　　イ　12月15日　　　ウ　2月15日　　　エ　3月15日

> オリオン座がどの方向に動いているか考えよう。

[          ]

(3) 2月15日の18時には，オリオン座はA～Gのどの位置に見えますか。

[          ]

ステップアップ

(4) 同じ時刻に見える星の位置が図のように変化するのはなぜか。その理由を簡単に説明しなさい。

[          ]

# 5 太陽の動きと季節の変化

季節の変化が起こる原因について学ぼう

## ✔チェックしよう！

解説動画もチェック！

### 👆 季節の変化

・太陽の南中高度…夏至の日に最も高くなり，冬至の日に最も低くなる。

・昼の長さ…夏至の日に最も長くなり，冬至の日に最も短くなる。春分・秋分の日には昼と夜の長さがほぼ同じになる。

・気温…夏に高く，冬に低くなる。

### 👆 季節の変化が起こる原因

地球が，公転面に垂直な方向から約23.4°地軸を傾けたまま公転しているため，季節の変化が起こる。

地球の公転と季節の関係を理解しよう。

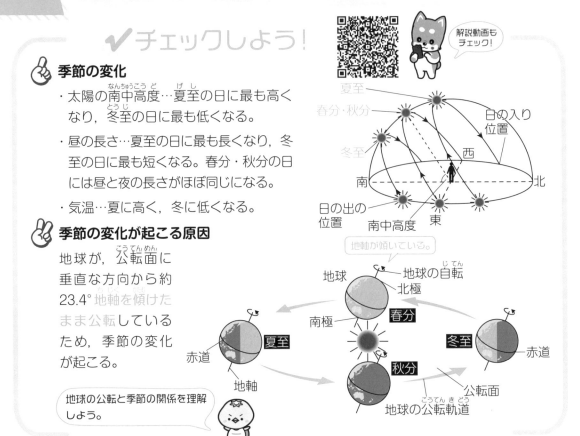

## 確認問題

**1** 次の文の □ にあてはまることばを書きましょう。

👆 ・夏至の日は，太陽の南中高度が最も ① 　　　　 なり，昼の長さが最も ② 　　　　 なる。

👆 ・冬至の日は，太陽の南中高度が最も ③ 　　　　 なり，昼の長さが最も ④ 　　　　 なる。

👆 ・ ⑤ 　　　　 ・ ⑥ 　　　　 の日は，太陽が真東から出て真西に沈む。

👆 ・⑤と⑥の日は，昼の長さと夜の長さが ⑦ 　　　　 である。

👆 ・季節の変化が起こる原因は，地球が，公転面に垂直な方向から ⑧ 　　　　 を傾けたまま ⑨ 　　　　 しているからである。

**1** 右の図は，日本のある場所での，春分，夏至，冬至の日の太陽の通り道を表したものである。これについて，次の問いに答えましょう。

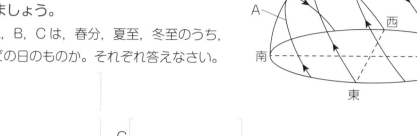

(1) A，B，Cは，春分，夏至，冬至のうち，どの日のものか。それぞれ答えなさい。

A [ ]

B [ ]   C [ ]

(2) A〜Cのうち，南中高度が最も高い日はどれか。1つ選びなさい。

[ ]

(3) A〜Cのうち，昼と夜の長さがほぼ同じになる日はどれか。1つ選びなさい。

[ ]

**2** 図1は，地球が太陽のまわりを公転しているようすを模式的に表したものである。これについて，次の問いに答えましょう。

(1) 図1で，地球の公転の向きは，X，Yのどちらですか。

[ ]

(2) 図1のA〜Dのうち，春分の日を表しているのはどれですか。

[ ]

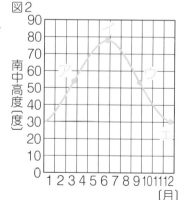

夏至の日は，昼の長さが最も長いよ。

(3) 図2は，日本のある場所で，1年を通して太陽の南中高度を記録したものである。地球が図1のBの位置にあるときの南中高度を示しているのは，ア〜エのどれか。1つ選びなさい。

[ ]

↗ ステップアップ

(4) 図2のように，太陽の南中高度が変化するのはなぜか。その理由を簡単に答えなさい。

[ ]

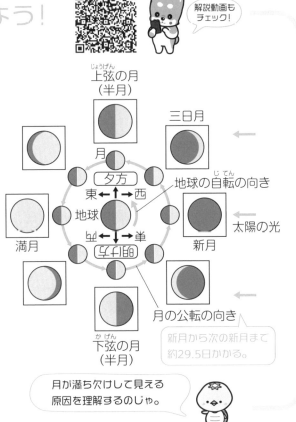

第5章　地球と宇宙

# 6 月の動きと見え方

月の満ち欠けを覚える

解説動画もチェック！

## ✔チェックしよう！

### 👆 月の満ち欠け

・月は球形で，太陽の光を反射して光っている。

・月は地球のまわりを公転していて，太陽，地球，月の位置関係が変わり，月の光って見える部分が変化するために満ち欠けして見える。

### ✌ 日食と月食

・日食…太陽－月－地球の順に一直線に並び，太陽が月にかくれる現象。

・月食…太陽－地球－月の順に一直線に並び，月が地球の影に入る現象。

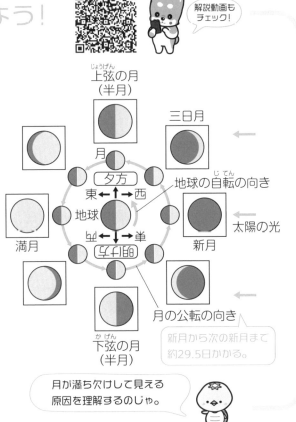

上弦の月（半月）
じょうげん

三日月

月

地球の自転の向き
じてん

夕方

東←→西

地球

太陽の光

早朝

新月

満月

月の公転の向き

下弦の月（半月）
かげん

新月から次の新月まで約29.5日かかる。

月が満ち欠けして見える原因を理解するのじゃ。

## 確認問題

**1** 次の文の　　　にあてはまることばを書きましょう。

👆・月は球形で，①　　　　　の光を反射して光っている。

👆・月は，②　　　　　のまわりを，北極側から見て③　　　　　回りに公転している。

👆・地球から見て，月が太陽と④　　　　　側にあるときには新月になり，

　　⑤　　　　　側にあるときには満月になる。

✌・太陽が月にかくれる現象を⑥　　　　　といい，月が地球の影に入る現象を

　　⑦　　　　　という。

1 右の図は，北極側から見たときの太陽，月，地球の位置関係を示したものである。これについて，次の問いに答えましょう。

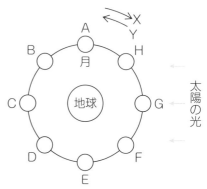

(1) 月の公転の向きは，図のX，Yのどちらですか。

(2) 月がB，Fの位置にあるときの月の形を次からそれぞれ選びなさい。

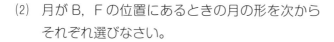

B　　　　　　　　F

(3) 新月のとき，月はどの位置にあるか。図のA～Hから選びなさい。

(4) 月が夕方に南中したとき，月はどの位置にあるか。図のA～Hから選びなさい。

(5) 月が東からのぼり，西に沈むように見えるのはなぜか。正しいものを，次から1つ選びなさい。

　　ア　地球が自転しているから。
　　イ　地球が太陽のまわりを公転しているから。
　　ウ　月が自転しているから。
　　エ　月が地球のまわりを公転しているから。

太陽や星が時間とともに動いて見えるのと同じ理由だよ。

注意！

2 右の図は，太陽，月，地球の位置関係を表したものである。これについて，次の問いに答えましょう。

(1) 太陽，月，地球が図のような位置にあり，太陽が月にかくれる現象を何といいますか。

月の公転軌道

太陽　　　　　　月　　地球

(2) (1)の現象が起こるときの月として正しいものを次から1つ選びなさい。

　　ア　満月　　　イ　上弦の月　　　ウ　三日月　　　エ　新月

# 金星の動きと見え方

金星の大きさの変化を理解しよう

## ✔チェックしよう！

解説動画も
チェック！

### ☑ 金星の見え方

・明けの明星…明け方の東の空に見える。

・よいの明星…夕方の西の空に見える。

・地球よりも内側を公転しているため，真夜中に見ることはできない。

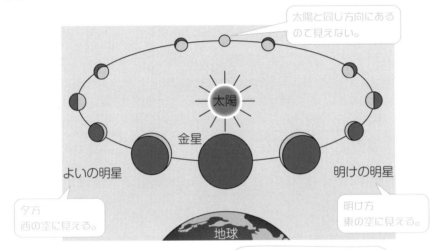

太陽と同じ方向にある
ので見えない。

太陽

金星

よいの明星

明けの明星

夕方
西の空に見える。

明け方
東の空に見える。

地球

金星の形と見える大きさの変化
について理解しよう。

## 確認問題

1　次の文の ◻ にあてはまることばを書きましょう。

・金星は，明け方の ① ◻ の空か，夕方の ② ◻ の空で見ることが
できる。

・明け方に見える金星を ③ ◻ ，夕方に見える金星を ④ ◻ という。

・金星が ⑤ ◻ と同じ方向にあるとき，金星を見ることはできない。

・金星の見かけの大きさは変化し，金星が地球に近い位置にあるときは ⑥ ◻ ，
金星が地球から遠い位置にあるときは ⑦ ◻ 見える。

・金星を真夜中に見ることができないのは，金星が ⑧ ◻ よりも内側を公転し
ているためである。

**1** 図1は，太陽，金星，地球の位置関係を示したもので，図2は金星が図1のA～Gのある位置にあるときの，金星の見かけの形を示したものである。これについて，次の問いに答えましょう。

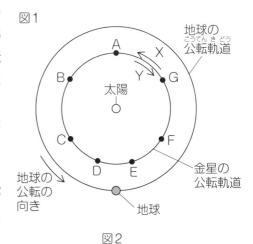

図1

(1) 金星の公転の向きは，図1のX，Yのどちらですか。

(2) 地球から見ることができないのは，金星が図1のA～Gのどの位置にあるときか。1つ選びなさい。

図2

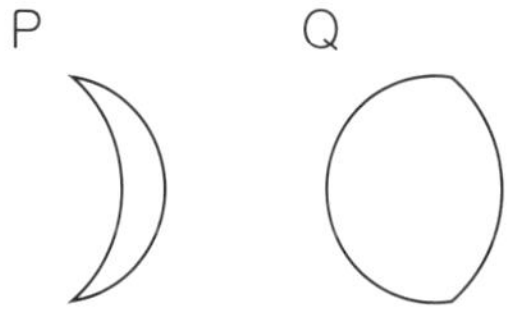

(3) 金星が図2のP，Qのように見えるとき，金星は図1のA～Gのどの位置にあるか。それぞれ選びなさい。

太陽のある側が光って見えるよ。

P　　　Q

(4) 金星が図1のFの位置にあるとき，地球から金星を見ると，金星はいつごろ，どの方位の空に見えるか。次から1つ選びなさい。
　　ア　明け方の東の空
　　イ　明け方の西の空
　　ウ　夕方の東の空
　　エ　夕方の西の空

(5) 金星について述べた文として正しいものを，次から1つ選びなさい。
　　ア　地球より公転周期が長い。
　　イ　満ち欠けして見えるが，見かけの大きさは変化しない。
　　ウ　星座をつくる星の間を不規則に動いて見える。
　　エ　およそ1か月に1回南中して見える。

↗ ステップアップ

(6) 金星を真夜中に見ることができないのはなぜか。簡単に説明しなさい。

# 食物をめぐる生物どうしのつながり

食物連鎖について理解しよう

## ✔チェックしよう！

### 👆 生物どうしのつながり

・食物連鎖…生物どうしの「食べる・食べられる」
という関係によるつながり。

・生産者…光合成によって，無機物から有機物を
つくる植物。

・消費者…自分で有機物をつくれず，植物やほか
の動物を食べる動物。

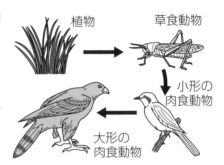

植物　草食動物

小形の
肉食動物

大形の
肉食動物

### 👆 生物の数量関係とつり合い

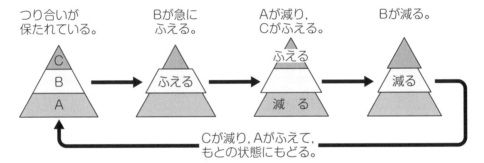

つり合いが
保たれている。

Bが急に
ふえる。

Aが減り，
Cがふえる。

Bが減る。

Cが減り，Aがふえて，
もとの状態にもどる。

（A：植物，B：草食動物，C：肉食動物）

食物連鎖の始まりは
植物なんだ。

---

## 確認問題 — — — — — — — — — —

1 次の文の ____ にあてはまることばを書きましょう。

・生物どうしの食べる・食べられるという関係によるつながりを ① ____ と
いう。

・食物連鎖の中で，光合成を行う植物のように，無機物から有機物をつくる生物を
② ____ といい，動物のように，自分で有機物をつくれず，植物やほかの
動物を食べる生物を ③ ____ という。

・植物，草食動物，肉食動物のうち，いっぱんに，自然界の中で個体数が最も多いの
は ④ ____ である。

**1** 右の図は，生物どうしの<u>食べる・食べられるの関係</u>によるつながりを模式的に表したものである。これについて，次の問いに答えましょう。

| 生物A | → | 生物B | → | 生物C |

（矢印は，食べられるもの→食べるものに向けられている）

(1) 下線部のような生物どうしのつながりを何といいますか。

(2) 生物Aは，自分で無機物から有機物をつくっている。生物Aの有機物をつくるはたらきを何といいますか。

(3) 生物A〜Cのうち，自然界において生産者とよばれているもの，消費者とよばれているものはどれか。それぞれすべて選びなさい。

生産者　　　　　　　消費者

(4) 生物A〜Cのうち，いっぱんに，自然界の中で個体数が最も少ない生物はどれですか。

**2** 右の図は，生物どうしの食べる・食べられるのつながりにおける数量関係を表したものである。これについて，次の問いに答えましょう。

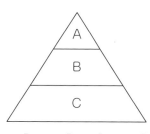

(1) A〜Cにあてはまる生物を，次から1つずつ選びなさい。
　　ア　ケイソウ　　　イ　フナ　　　ウ　ミジンコ

A　　　　B　　　　C

(2) 生物Bの個体数が何かの原因で減ったとき，生物A，生物Cの個体数は一時的にどうなるか。次から1つ選びなさい。
　　ア　生物Aはふえて，生物Cは減る。　　　イ　生物Aは減って，生物Cはふえる。
　　ウ　生物Aも生物Cもふえる。　　　　　　エ　生物Aも生物Cも減る。

ふつう，食べられるものより，食べるもののほうが少ないよ。

↗ ステップアップ

(3) 生物Bが減ったとき，生物Aの個体数が(2)のようになるのはなぜか。その理由を簡単に答えなさい。

## 2 生物の遺骸のゆくえ

分解者のはたらき

### ✔チェックしよう！

 **生物の遺骸のゆくえ**

・分解者…消費者の中で，生物の遺骸やふんなどを分解して，有機物を無機物に変える生物のこと。

・分解者は，遺骸などの有機物を無機物に変えることでエネルギーを取り出して，生活している。

　（例）菌類（カビ，キノコ）・細菌類（乳酸菌，大腸菌）などの微生物

・分解者の植物連鎖

　（例）落ち葉→ミミズ→ムカデ→モグラ（この例では，ミミズが分解者である）

 **土の中の微生物のはたらきを調べる実験**

＜方法＞

ビーカーの中で布を広げ，落ち葉や土を入れる。水を加えてよくかき回して布でこす。

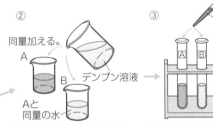

ビーカーAには①のろ液を入れ，BにはAと同量の水を入れる。

ヨウ素液を加えて，液の色の変化を調べる。

＜結果＞

| ビーカー A | 変化しなかった。 |
| --- | --- |
| ビーカー B | 青紫色に変化した。 |

　→分解者である微生物のはたらきで，デンプンが分解された。

### 確認問題

**1** 次の文の　　　　にあてはまることばを書きましょう。

・消費者の中で，生物の遺骸やふんなどの有機物を無機物に分解するものを

　①　　　　　　　という。①は，この分解により　②　　　　　　　を

取り出している。

・微生物のうち，カビやキノコなどをまとめて　③　　　　　　　といい，乳酸菌や大腸

菌などをまとめて　④　　　　　　　という。

1 下の図は，食物連鎖の一例を表したものである。これについて，次の問いに答えましょう。

| A 落ち葉・枯れ葉 | → | B ミミズ | → | C モグラ |

（矢印は，食べられるもの→食べるものに向けられている。）

(1) 消費者とは何か。簡単に説明しなさい。

(2) 図のA〜Cのうち，自然界で消費者とよばれる生物をすべて選びなさい。

(3) 分解者とは何か。簡単に説明しなさい。

(4) 図のA〜Cのうち，分解者とよばれる生き物をすべて選びなさい。

(5) 次のア〜カを，分解者と分解者ではない消費者の２つに分けなさい。
　　ア　アオカビ　　イ　ダニ　　ウ　クモ　　| 分解者 |　　| 分解者でない消費者 |
　　エ　トカゲ　　オ　大腸菌　　カ　アリ

2 土の中の生物のはたらきについて調べるために，次のような実験を行った。これについて，あとの問いに答えましょう。

〈実験〉落ち葉の下の土と，ポリエチレンの袋A，Bを用意した。そして，図１のように，Aにはそのままの土を，

図1

袋A　土＋ブドウ糖水溶液
袋B　焼いた土＋ブドウ糖水溶液

図2

石灰水

Bにはよく焼いた土を入れ，それぞれの土に同じ量のブドウ糖水溶液を入れた。ゴム管を差しこんで袋をとじ，25度で２日間放置した後，図２のように，袋A，Bの中の空気をそれぞれ石灰水に通した。すると，一方の石灰水だけが白くにごった。

(1) 袋A，Bのうち，石灰水が白くにごったのはどちらですか。

↗ ステップアップ

(2) (1)の袋の石灰水が白くにごったのはなぜか。「土の中の生物」の語を使って簡単に説明しなさい。

# 3 生物の活動を通じた物質の循環

物質の循環について考えよう

## ✔チェックしよう！

### ☑ 物質の循環（じゅんかん）

炭素などの物質は，食物連鎖（しょくもつれんさ）や光合成，呼吸，分解者（ぶんかいしゃ）のはたらきなどを通して循環している。

炭素は有機物や無機物に形を変えながら循環しているんだ。

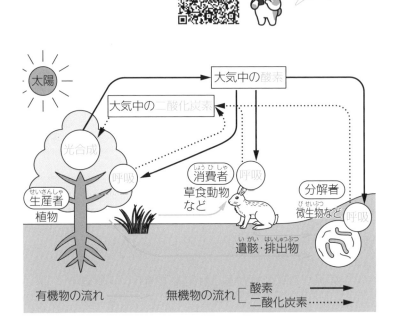

## 確認問題

1 自然界における物質の循環を表した次の図の X～Z にあてはまるそれぞれの生物のよび方を書きましょう。また，a，b にあてはまるはたらきを書きましょう。

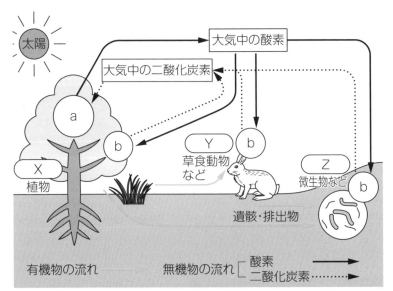

X [　　　　　]

Y [　　　　　]

Z [　　　　　]

a [　　　　　]

b [　　　　　]

1　右の図は，生物を通しての物質の移動の
ようすを表したものである。これについ
て，次の問いに答えましょう。

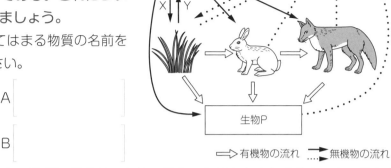

(1)　図の A，B にあてはまる物質の名前を
それぞれ答えなさい。

A [ 　　　 ]

B [ 　　　 ]

(2)　図の X，Y で示される物質の移動は，生物の何というはたらきによるものか。それぞ
れ答えなさい。

X [ 　　　 ]　　　Y [ 　　　 ]

(3)　図の生物 P にあてはまる生物の組み合わせとして正しいものを，次から１つ選びなさい。
　　ア　ミミズ，ダニ　　　　　イ　アリ，シイタケ
　　ウ　ダンゴムシ，ミツバチ　エ　バッタ，オオカナダモ

[ 　　　 ]

2　右の図は，自然界における炭素の循環を
表したものである。これについて，次の
問いに答えましょう。

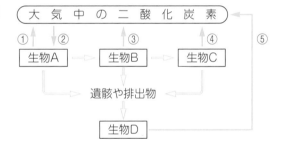

(1)　図の生物 A〜D にあてはまる生物を，
次からそれぞれ選びなさい。
　　ア　草食動物　　イ　肉食動物
　　ウ　微生物　　　エ　植物

A [ 　 ]　　B [ 　 ]　　C [ 　 ]　　D [ 　 ]

(2)　図の①〜⑤の中で，光合成による物質の移動を表しているのはどれですか。

[ 　　　 ]

ステップアップ

(3)　生物 D は自然界における分解者とよばれている。生物 D が分解者とよばれるのはな
ぜか。簡単に答えなさい。

[ 　　　　　　　　　　　　　　　　　　　　　　　　　 ]

# 4 自然環境における人間とその影響

環境問題について学ぼう

✔チェックしよう！

解説動画も
チェック！

**色々な環境問題**

・オゾン層破壊…冷蔵庫やエアコンに使われていたフロン
　ガスの影響で，オゾン層（オゾンが集まっているところ）
　が薄くなる現象のこと。これにより，紫外線が前よりも，
　地球に届くようになった。

・地球温暖化…大気中の温室効果ガスの割合が高くなり，
　地球の平均気温が上昇する現象。温室効果ガスは，発電
　や自動車の走行によって増える。

・酸性雨…自動車や工場で排出された，硫黄酸化物や窒素
　酸化物が原因で起こる。これが，大気中で雨にとけると，
　強い酸性を示す。

・外来生物…人間の手により，本来住む地域とは別の地域に連れてこられた生物の
　こと。連れてこられた地域の生態系を壊すことが多くあり，問題となっている。
　（例）アライグマ，ヒアリ，オオヒキガエル

〈オゾン層の破壊〉
オゾンホール
オゾン層
フロン
有害
紫外線

二酸化炭素などの，太陽からの熱の一部を地表に閉
じこめる性質がある気体を温室効果ガスというよ。

## 確認問題

**1** 次の文の　　　　にあてはまることばを書きましょう。

・地球温暖化は，大気中の ① 　　　　　　　 ガスの割合がふえることで起こる。

　①ガスは，地球に熱を ② 　　　　　　　 性質がある。

・もともとその地域にはいなかった生物で，人間の手により別の地域から連れてこられた
　生物を ③ 　　　　　　　 という。③は，連れてこられた地域の ④ 　　　　　　　 を
　壊すことが多く，問題となっている。

・工場や自動車の排気ガスが原因で，窒素酸化物や ⑤ 　　　　　　　 が大気中で雨にと
　けて起こる現象を ⑥ 　　　　　　　 という。

## 練習問題

**1** 環境問題について，次の問いに答えましょう。

(1) エアコンや，冷蔵庫などに使われていたフロンガスの影響で薄くなってしまった層を
何層といいますか。

(2) 右の図のように，太陽からの熱の一部を地球に閉
じこめる効果がある気体を何といいますか。

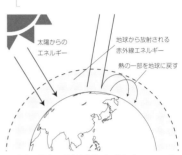

太陽からの
エネルギー

地球から放射される
赤外線エネルギー

熱の一部を地球に戻す

(3) もともとその地域にはいなかった生物で，人間の手により別の地域から連れてこら
れた生物のことを何といいますか。

(4) (3)の生物は，環境問題としてあげられる。この理由を，簡単に説明しなさい。

(5) 次の文にあてはまることばを書きなさい。

工場や自動車から排出された硫黄酸化物や窒素酸化物は，雨などにとけると，

① 　　　　　や硝酸に変化する。これらがとけた雨を，② 

とよび，さまざまな問題を引き起こしている。

色々な問題があるんだね。

**2** 赤潮について説明した文として正しいものを次から1つ選びましょう。

ア 窒素酸化物や硫黄酸化物が硝酸や硫酸に変化して，雨として降り注ぐものを赤潮という。
イ 生活排水などの影響により，プランクトンが異常に発生する現象を赤潮という。
ウ 冷蔵庫やエアコンなどの影響により，紫外線が地球に降り注ぎやすくなる現象を赤潮
という。
エ 温室効果ガスの影響により，地球の平均気温が上がる現象を赤潮という。

# 5 自然の恩恵と自然災害

自然災害について学ぼう

## ✔チェックしよう！

### 👆 自然の恩恵

・日本は，周囲を海に囲まれており，山や川に
恵まれているため，水が豊富な国である。

・火山では，金属がとれたり，温泉がわき出たりする。
また，地熱発電にも活用されている。

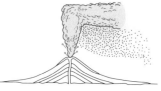

### ✌ 日本の自然災害

・日本列島は，海洋プレートが大陸プレートの下にしずみこむ
位置にあるため，地震が多い。

・津波…地震によって海で起こる大きな波。

・液状化（現象）…地震によって地面が液体状になること。

・高潮…台風などにより，海面が急に上がる現象のこと。

日本の山は，火山が
多く，火山は地下水
をあたためるよ。

さまざまな災害について
理解しておこう。

## 確認問題

**1** 次の文の　　　　にあてはまることばを書きましょう。

👆・日本は，周囲を ①　　　　　 に囲まれているため，②　　　　　 が
豊富な国である。

👆・火山の恩恵として，③　　　　　 発電を可能にすることや，

④　　　　　 がわき出てくることなどが挙げられる。

✌・日本列島は ⑤　　　　　 が沈みこむ位置にあるため，地震が多い。

✌・地震によって起こる，海面の大きな波のことを ⑥　　　　　 という。日本は，
海に囲まれているため，④の被害を受けることが多い。

✌・台風によって，海面が急激に上がる現象を ⑦　　　　　 という。また，地震
によって，地面が液体状になる現象を ⑧　　　　　 という。

**1** 火山に関する，次の問いに答えましょう。

(1) 次の　　　　　にあてはまることばを書きましょう。

近年注目されている発電方法として，火山周辺に設置される　①　　　　　　　発電

が挙げられる。この発電は，地下深くのマグマにより高温になった地下水から水蒸気

をとり出して，発電機を回すしくみである。　②　　　　　　　燃料を使わないため，

地球に優しいという特徴がある。

(2) 火山について，正しい文を次から選びなさい。

火山の影響を思いだそう。

ア　火山の熱は，火力発電に活用できる。

イ　火山と地震は，一切関係がない。

ウ　火山や周辺では温泉がわき出ることがある。

エ　火山の熱により地面が柔らかくなり，液状化が起こることがある。

**2** 次の問いに答えましょう。

(1) 地震により，地面が液体状になって柔らかくなることを何といいますか。

(2) 高潮は，何によって起こるか。正しいものを次から1つ選びなさい。

ア　地震　　　イ　雷

ウ　噴火　　　エ　台風

(3) 地震によって起こる，海面の大きな波を何といいますか。

(4) 日本は地震がよく起こるといわれているが，それはなぜか。簡単に説明しなさい。

# 6 科学技術の発展とその課題・対策

科学技術の発展と課題について学ぼう

## ✔チェックしよう！

### ☝科学技術の発展

・産業革命…18世紀後半の蒸気機関の改良をきっかけに，蒸気機関車などがつくられた一連の流れのこと。

・インターネットの普及によって，世界中の情報がすぐに手に入るようになり，世界中の人とやり取りが簡単にできるようになった。

・AI（人工知能）…膨大なデータを処理することで，人間のかわりにさまざまなことをできるようになったコンピューターのこと。

・VR（仮想現実）…コンピューターがつくり出した，現実のように認識することができる仮想の景色のこと。これを利用したゲームなどが盛んである。

> 便利になった一方て，さまざまな問題が発生したよ。

### ✌科学技術発展と課題・対策

・情報の入手手段の多様化により，発信源が不明な，誤った情報がふえてきた。
　→自分で判断し，情報の取捨選択をする能力を高めることが大切。

・自動車が普及したことで，交通量の多い地域の空気の汚れが，大気汚染といわれ，課題となった。→現在の自動車には，排気ガス浄化装置がつけられている。

## 確認問題

1 次の文の　　　にあてはまることばを書きましょう。

☝ ・18世紀に起きた ①　　　　　では，②　　　　　の改良をきっかけに，蒸気機関車などさまざまなものがつくられた。

☝ ・人間のかわりにいろいろなことができるようになったコンピューターのことを，

③　　　　　という。

✌ ・情報の入手手段の多様化により，誤った情報が増えてきた。情報の

④　　　　　をする能力を高めることが大切である。

✌ ・自動車が普及したことにより，⑤　　　　　が社会問題になってきた。その

ため，現在の自動車には ⑥　　　　　がつけられている。

1 下の図は，多様化した情報の入手手段を表したものです。次の　　　　にあてはまることばを書きましょう。また，(1)〜(5)を，情報の入手手段として発展した順に並びかえましょう。

(1) 人と　　　　　　　をする。

(2) 新聞や　　　　　　　　を読む。

(3) 　　　　　　　　　を使う。

(4) テレビをみる。

(5) 　　　　　　　を聞く。

発展した順番

　　　→　　　　→　　　　→　　　　→

2 科学技術の発展と課題・対策について，次の問いに答えましょう。

(1) 情報の入手手段の多様化により，どのような問題が生まれましたか。

(2) (1)の対策方法として，どのようなことがあげられますか。

(3) 自動車が普及した結果，どのような問題が発生しましたか。

(4) (3)の対策方法として，現在の自動車には何がつけられていますか。

どんな課題があったか思い出そう。

考えよう

初版
第1刷　2021年7月1日　発行

●編　者
　　数研出版編集部
●カバー・表紙デザイン
　　株式会社クラップス

発行者　星野　泰也

ISBN978-4-410-15539-0

## 新課程 とにかく基礎 中3理科

発行所　**数研出版株式会社**

〒101-0052　東京都千代田区神田小川町2丁目3番地3
　　　　　　　〔振替〕00140-4-118431
〒604-0861　京都市中京区烏丸通竹屋町上る大倉町205番地
〔電話〕代表　(075)231-0161
ホームページ　https://www.chart.co.jp
印刷　創栄図書印刷株式会社
　　乱丁本・落丁本はお取り替えいたします　210601

第1章　生命の連続性

### 1　生物が成長するしくみ

確認問題 ——————— 4ページ

1　① 先端　　　② 体細胞分裂
　　③ 染色体

2　（ア→）ウ（→）オ（→）イ（→）カ（→）エ

練習問題 ——————— 5ページ

1　(1) ア
　(2) ① 数　　　② 大きく

2　(1) ウ
　(2) （a →）e（→）c（→）b（→）d（→）f
　(3) 染色体　　　(4) 2（倍）

### 練習問題の解説

1　(1) 植物の根は，根全体が一様にのびるのではなく，のびる部分が決まっている。根の先端や，先端から遠い部分はあまりのびないが，根の先端に近いところではよくのびる。
　(2) 細胞分裂によって細胞の数がふえ，その後，分裂によってふえた細胞が大きくなることによって生物は成長していく。

2　(1) ウは成長点といい，細胞分裂がさかんに行われる。
　(3) 染色体は細胞の核の中にあり，生物の形や性質など（形質）を伝える遺伝子をふくんでいる。長い糸のような形をしていて，生物の種類によって数が決まっている。

### 2　生物のふえ方

確認問題 ——————— 6ページ

1　(1) 有性生殖　(2) 分裂

2　ウ （→） イ （→） エ （→） ア

3　① 卵細胞　② 胚珠
　③ 花粉管　④ 精細胞
　⑤ 子房

練習問題 ——————— 7ページ

1　(1) 無性生殖　　(2) イ, エ

2　(1) 受精卵　　　(2) 発生
　(3) 胚

3　(1) 受精卵　　　(2) 発生
　(3) 胚珠　a・種子
　　　子房　c・果実

### 練習問題の解説

1　(1) 雌と雄によらない生殖を無性生殖といい，親のからだの一部から新しい個体を生じるふえ方である。
　(2) 無性生殖には分裂や栄養生殖がある。分裂は単細胞生物のアメーバ，ゾウリムシなど，栄養生殖はジャガイモのいもなどで見られる。

2　(1) 受精してできた細胞を受精卵という。
　(2)(3) 受精卵が細胞分裂をくり返して胚になり，成体になるまでの過程のことを発生という。

3　(1) 精細胞の核と卵細胞の核が合体することを受精といい，受精してできた細胞を受精卵という。
　(2) 受精卵が細胞分裂をくり返して胚になり，成体になるまでの過程のことを発生という。
　(3) 受精卵は細胞分裂をくりかえして胚になり，胚珠全体が種子になる。また子房は成長して果実となる。

### 3　親から子への特徴の伝わり方

確認問題 ——————— 8ページ

1　① 減数分裂　② 半分　③ 形質
　④ 遺伝　　　⑤ 純系　⑥ 顕性
　⑦ 潜性

練習問題 ——————— 9ページ

1　(1) 減数分裂　(2) 半分になる。
　(3) B　(4) ウ

2　(1) 丸　(2) ア
　(3) イ

### 練習問題の解説

1　(1)(2) 減数分裂は，生殖細胞をつくるときの細胞分裂で，染色体の数が体細胞の半分になる。受精により，染色体の数がもとの体細胞と同じになる。

1

| | 無性生殖 | 有性生殖 |
|---|---|---|
| 子の遺伝子 | 親とまったく同じ遺伝子を受けつぐ。 | 親の遺伝子を半分ずつ受けつぐ。 |
| 親 | (00)<br><br>(00) (00)<br>↓分裂 | (00) (00)<br>↓減数分裂<br>(0) (0)<br>↓受精 |
| 子 | (00) (00) | (00) |

(3) Aは，減数分裂後，生殖細胞が合体（受精）して受精卵ができる有性生殖である。Bは分裂によってなかまをふやす無性生殖である。

(4) Bの無性生殖では子の遺伝子は親とまったく同じになる。Aの有性生殖では，子の遺伝子は両方の親の遺伝子を半分ずつ受けつぐため，子の形質は親と同じであったり，異なっていたりする。

2 (1) 種子の形が丸としわの親から種子の形が丸の子だけが得られるとき，種子の形について，子に現れる丸を顕性形質といい，子に現れないしわを潜性形質という。

(2) 丸い種子をつくる純系の親の遺伝子はＡＡ，しわのある種子をつくる純系の親の遺伝子はaaで表される。

(3) ＡＡとaaの遺伝子をもつ親からできた子の遺伝子はＡａである。これを自家受粉させてできた孫の代の遺伝子は
ＡＡ：Ａａ：aa＝1：2：1の割合となる。

## 4 遺伝子の本体

確認問題 ──────────── 10ページ

1 ① DNA ② 2 ③ らせん
2 (1) デオキシリボ核酸 (2) 核

練習問題 ──────────── 11ページ

1 (1) DNA (2) 遺伝子
2 (1) DNA（デオキシリボ核酸） (2) エ
3 （例） 遺伝子組み換えにより除草剤や害虫の影響を受けにくい作物をつくることに利用されている。

練習問題の解説
2 (2) 孫の代では赤い花：白い花＝3：1の割合でできる。よって，赤い花をつける種子は
1200 ÷ 4 × 3＝900（個）となる。

3 ある生物に別の生物の遺伝子を導入するなどして，生物の遺伝子を変化させる技術のことを遺伝子組換えという。

## 第2章 化学変化とイオン

## 1 電解質の水溶液

確認問題 ──────────── 12ページ

1 ① 電解質 ② 非電解質
2 (1) 食塩，塩化水素
(2) 塩酸

練習問題 ──────────── 13ページ

1 ア，イ
2 (1) A ○ C ○ D × F ○
(2) A，C，F，F
(3) ウ

練習問題の解説
2 (1)(2) 塩化水素，塩化銅，塩化ナトリウム，水酸化ナトリウムは，水にとかすとその水溶液に電流が流れる電解質である。
(3) 塩化ナトリウム水溶液がついた電極を蒸留水でよく洗わずに実験すると，電流が流れてしまうことがある。

## 2 電解質の水溶液と電流

確認問題 ──────────── 14ページ

1 ① 陽 ② 陰 ③ 陽 ④ 陰
2 (1) 赤（色） (2) 水素

練習問題 ──────────── 15ページ

1 (1) 塩素 (2) ウ
(3) 銅
2 (1) イ
(2) 陽極

練習問題の解説
1 (1)(3) 塩化銅水溶液を電気分解すると陽極からは塩素が発生し，陰極には銅が付着する。
(2) 銅は次のような3つの性質がある。
①電気や熱を通しやすい
②みがくと特有のかがやき（金属光沢）がでる
③たたくとうすく広がり（展性），引っ張る

とのびる（延性）

これらの性質はすべての金属に共通している性質なので覚えておこう。

磁石につくのは鉄などの一部の金属にみられる性質なので，すべての金属に共通する性質ではないことに注意しよう。

**2** (1)(2) 塩酸を電気分解すると陽極からは塩素，陰極からは水素が発生する。塩素には漂白作用があり，赤インクなどの色が消える。塩素はプールの消毒液のような，刺激臭がある気体である。(1)のアは二酸化炭素，ウは水素，エは酸素の性質である。

## 3 電解質の粒子

### 確認問題 ―― 16ページ

**1** ① 原子核　② 陽子
③ 中性子　④ 電子

**2** ① 水素イオン　② $Na^+$
③ $Cu^{2+}$　④ $Cl^-$
⑤ 水酸化物イオン　⑥ 硫酸イオン

### 練習問題 ―― 17ページ

**1** (1) ウ　(2) オ
(3) 塩化物イオン　(4) 陰イオン

**2** (1) ナトリウムイオン　(2) 銅イオン
(3) 塩化物イオン　(4) $H^+$
(5) $OH^-$　(6) $SO_4^{2-}$

### 練習問題の解説

**1** (1) 原子の中心には原子核が１個ある。また，電子の質量は陽子や中性子と比べてとても小さい。原子がもっている陽子の個数は原子の種類によって異なる。

(2) ナトリウム原子は電子を１個失って＋の電気を帯びた陽イオンになる。

(3)(4) 塩素原子は電子を１個受け取って陰イオンである塩化物イオンになる。

## 4 電池のしくみ・日常生活と電池

### 確認問題 ―― 18ページ

**1** (1) $Cl^-$　(2) $Na^+$
(3) $Cu^{2+}$　(4) $OH^-$

**2** ① －　② 亜鉛(板)
③ ＋　④ 水素

### 練習問題 ―― 19ページ

**1** (1) 銅イオン，塩化物イオン
(2) 電離　(3) エ

**2** (1) イ，エ　(2) 鳴らなくなる。

### 練習問題の解説

**2** (1) 電解質の水溶液に２種類の金属板を入れると電池となる。

(2) 砂糖水は非電解質の水溶液で，電流は流れない。よって電子オルゴールは鳴らない。

## 5 酸性やアルカリ性の水溶液の性質

### 確認問題 ―― 20ページ

**1** ① 青(色→)赤(色)
② 赤(色→)青(色)
③ 黄(色)　④ 緑(色)　⑤ 青(色)

**2** ① アルカリ　② 赤
③ 酸　④ 水素

### 練習問題 ―― 21ページ

**1** (1) △　(2) ○　(3) ×　(4) ×
(5) ○　(6) ○　(7) △　(8) ×

**2** (1) ○　(2) ○　(3) ×　(4) ×

**3** (1) 水素
(2) この水溶液は酸性なので，(フェノールフタレイン溶液の色を変えることは)できない。

### 練習問題の解説

**2** (2) 金属を入れると水素を発生するのは，酸性の特徴である。水素は，マッチを近づけると音を立てて燃える。

(4) フェノールフタレイン溶液を赤色に変えるのはアルカリ性の特徴である。

**3** (1) 水素にマッチの火を近づけると，音を立てて燃える。

(2)　水素が発生したことから、この水溶液は酸
　　性であるとわかる。そのため、この水溶液は、
　　フェノールフタレイン溶液の色を変えること
　　ができない。

## 6　酸性・アルカリ性の正体と強さ

確認問題　──────── 22 ページ

1　① 酸　② アルカリ　③ pH
　④ 大きい
　⑤ Na$^+$（ナトリウムイオン）
　⑥ OH$^-$（水酸化物イオン）
　⑦ アルカリ

練習問題　──────── 23 ページ

1　(1)　HCl→H$^+$＋Cl$^-$
　(2)　H$_2$SO$_4$→2H$^+$＋SO$_4{}^{2-}$
　(3)　KOH→K$^+$＋OH$^-$
2　① 酸性　② 中性　③ アルカリ性
3　(1)　水溶液中で電離して、水酸化物イオ
　　ンを生じる物質のこと。
　(2)　NaOH→Na$^+$＋OH$^-$
　(3)　ウ

### 練習問題の解説

2　　H$^+$がOH$^-$よりも多い状態を酸性という。ま
　た、逆にH$^+$が、OH$^-$よりも少ない状態をアルカ
　リ性という。H$^+$とOH$^-$が同数の場合、中性とい
　う。

3　(1)　酸とは電離して水素イオンを生じる物質の
　　ことで、アルカリとは電離して水酸化物イオ
　　ンを生じる物質のことである。
　(2)(3)　NaOHの電離の式は、次のように書ける。
　　　　NaOH→Na$^+$＋OH$^-$
　　また、HClの電離の式は、次のように書ける。
　　　　HCl→H$^+$＋Cl$^-$

## 7　中和

確認問題　──────── 24 ページ

1　① 打ち消し　② 中和　③ 黄
　④ 緑　　　　⑤ 酸(性)
　⑥ アルカリ(性)

練習問題　──────── 25 ページ

1　(1)　黄色　(2)　中和
　(3)　青色
　(4)　塩酸を加える。
　　　（酸性の水溶液を加える。）
2　(1)　アルカリ性
　(2)　A, B, C
　(3)　中和して中性になったから。（塩酸と
　　　水酸化ナトリウム水溶液がたがいの性
　　　質を打ち消し合ったから。）

### 練習問題の解説

1　(1)　BTB溶液は、酸性で黄色、中性で緑色、ア
　　ルカリ性で青色になる。うすい塩酸は、酸性
　　なので黄色になる。
　(2)　中和により、塩酸と水酸化ナトリウムがた
　　がいの性質を打ち消し合ったため、中性と
　　なった。
　(4)　アルカリ性の水溶液を中性にするには、酸
　　性の水溶液を加えて、再び中和すればよい。

2　(1)(2)　ビーカーDのみが緑色、すなわち中性であ
　　ることから、ビーカーDよりも塩酸が多い
　　ビーカーは酸性で、水酸化ナトリウム水溶液
　　が多いビーカーはアルカリ性だとわかる。

## 8　イオンで考える中和

確認問題　──────── 26 ページ

1　① 水素　② 水酸化物
　③ 陰　④ 陽　⑤ 塩
　⑥ HCl（塩酸）
　⑦ NaOH（水酸化ナトリウム）

練習問題　──────── 27 ページ

1　(1)　名前　塩化ナトリウム
　　　化学式　NaCl
　(2)　大きい
　(3)　塩

(4) 黄色
2 (1) 水素
(2) 火のついたマッチを試験管に近づける。
(3) 塩酸が, 水酸化ナトリウム水溶液によって中和されたから。

## 練習問題の解説

1 (1)(3) 塩酸と水酸化ナトリウム水溶液を混ぜると, 塩化ナトリウムという塩と水が生じる。この反応を中和という。

(2) 水溶液Bは, アルカリ性であるためpHが7よりも大きい。

(4) 水溶液Cでは, 中和されずに$H^+$が残っていることがわかる。このことから, 水溶液Cは酸性で, BTB溶液を黄色にするとわかる。

2 (1)(2) 酸性の水溶液に金属を加えると, 水素を発生する。水素が発生していることを確かめる方法は, 火のついたマッチを近づけて, 音を立てて燃えることを確かめるというのが一般的である。

(3) 中和が起こると, 酸とアルカリの性質は打ち消し合う。そのため, 金属が溶けて水素が発生する反応は, 弱まる。

### 第3章 力とエネルギー

#### 1 2力のつり合い

確認問題 ──────────── 28 ページ

1 ① つり合っている
② 大きさ ③ 向き
④ 同一直線上
2 ① 等しい ② 反対
③ 同一直線上

練習問題 ──────────── 29 ページ

1 (1) ウ
(2) ① 等しく ② 反対
③ 同一直線上
2 (1) 抗力(垂直抗力) (2) 2(N)
(3) まさつ力 (4) 1(N)

## 練習問題の解説

1 (1) 2力がつり合うのは, 2力の大きさが等しく, 力の向きが反対で, 同一直線上にあるときで

ある。この3つの条件を満たすのはウである。

2 (1) 面に接している物体が, 面から受ける垂直方向の力を抗力(垂直抗力)という。床の上に物体を置くと, 物体にはたらく重力によって床が押されて床の面がわずかに変形するが, その面がもとにもどろうとして, 物体を垂直に押し返すような抗力がはたらく。

(2) 物体が床を押す力と, 床に物体を置いたときの抗力はつり合っている。よって, 抗力は2Nである。

(3) 物体どうしがふれ合う面で, 物体の運動をさまたげる向きにはたらく力をまさつ力という。まさつ力は面から受ける力で, 面に平行にはたらく。

(4) 物体を引く力とまさつ力はつり合っているので, まさつ力は1Nである。

### 2 力の合成

確認問題 ──────────── 30 ページ

1 ① 合力 ② 合成
③ 平行四辺形 ④ 対角線
2 (1)

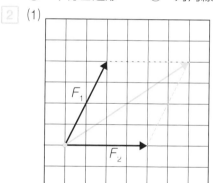

(2)

**1** (1)　　　　　　　　(2)

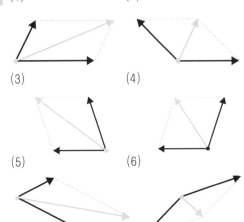

(3)　　　　　　　　(4)

(5)　　　　　　　　(6)

**2** (1)　6（N）　(2)　3（N）

**練習問題の解説**

**1**　　2力の合力は，2力を2辺としてかいた平行四辺形の対角線となる。

**2** (1)　2力の合力は次の図のようになるので，6Nとなる。

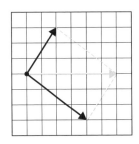

(2)　2力の合力は次の図のようになるので，3Nとなる。

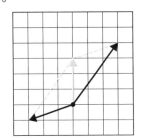

## 3　力の分解

**1**　①　分解　　　　②　分力
　　③　対角線　　　④　平行四辺形

**2** (1)

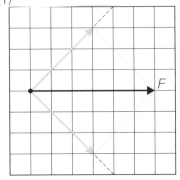

(2)

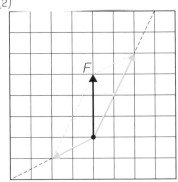

**1** (1)　　　　　　　　(2)

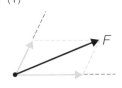

(3)　　　　　　　　(4)

(5)　　　　　　　　(6)

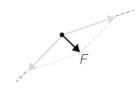

2 (1)

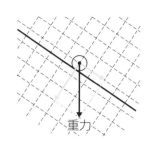

重力

(2) 2(N)

## 練習問題の解説

1 与えられた力を対角線とし，求める方向を2辺とする平行四辺形をかいたとき，2辺が分力となる。

2 (2) (1)の図より，斜面に平行な分力の大きさは2目盛り分なので2Nである。

## 4 物体の運動と力の関係

確認問題 ─────── 34ページ

1 ① 大きく　　② 大きく
2 (1) B　　(2) X

練習問題 ─────── 35ページ

1 (1) 変わらない。(2) ア
(3) ウ　　　　(4) 比例(関係)
2 (1) 自由落下　(2) ウ

## 練習問題の解説

1 (1) 角度Aの大きさにかかわらず，台車にはたらく重力の大きさは同じである。
(2) 斜面上の台車にはたらく重力は，斜面に垂直な分力と斜面に平行な分力に分解して考えることができる。斜面の傾きが大きいほど，斜面に平行な分力は大きくなる。
(3) 斜面にある物体にはたらく力は，重力と斜面から垂直に押される力(抗力)である。
(4) 一定の力がはたらくとき，台車の速さは時間に比例する。
2 (2) 落下させたおもりには重力がはたらき続けるので，速さは時間と比例して速くなる。よって原点を通る比例のグラフになる。

## 5 物体に力がはたらかないときの運動

確認問題 ─────── 36ページ

1 ① 静止　　② 等速直線
③ 慣性　　④ 速さ　　⑤ 比例

練習問題 ─────── 37ページ

1 (1) A　　(2) B
(3) 慣性(の法則)　(4) ウ
2 (1) (ア) 10　　(イ) 20
(2)

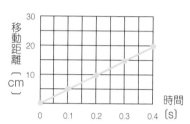

## 練習問題の解説

1 (1) 電車の中で立っているとき，急に発車すると，後ろにたおれそうになる。これは，からだは慣性によって静止状態を続けようとするのに，足だけは電車の床といっしょに前へ出ようとするためである。おもりをつり下げた場合も，これと同じ現象が起こる。
(2) 電車がブレーキをかけようとすると，乗客は前へたおれそうになる。これは，からだは慣性によって同じ速さを保とうとするのに，足だけは電車の床といっしょに止まろうとするからである。
(3) 物体に力がはたらいていないか，いくつかの力がはたらいていてもつり合っているとき，物体が静止しているときは静止し続け，運動しているときはそのまま等速直線運動を続けるという性質を，慣性の法則という。
(4) たたいた木片以外の木片は，静止し続けようとするため，下に落ちる。
2 (1)(2) 等速直線運動では，移動距離は時間に比例して大きくなる。

## 6 作用・反作用の法則

確認問題 ──────── 38 ページ

1 ① 反作用　② 等しい
　③ 左　　　④ 右
2 ① 作用　② 反作用

練習問題 ──────── 39 ページ

1 (1) 反作用　(2) 両方
2 (1) 右　(2) 壁
　(3) （大きさ）等しい
　　　（方向）反対方向
3 ① 箱にはたらく重力　② 垂直抗力
　（①②順不同）
　③ 箱が床を押す力　④ 垂直抗力
　（③④順不同）

### 練習問題の解説

1 (1) AさんがBさんを押すと(作用)，同じ大きさ
　　の力で押し返される(反作用)。
　(2) AさんもBさんも作用・反作用の法則で同じ
　　大きさの力で反対方向の力を受けているので，
　　それぞれ反対方向に動く。

2 (1)(2) Aさんは壁を押している(作用)ので，同じ
　　大きさの力で壁から押し返される(反作用)。
　(3) 作用と反作用の力の大きさは等しく，向き
　　は反対。

3 　重力も垂直抗力もどちらも，箱にはたらく力
　である。一方，箱が床を押す力と垂直抗力は，箱
　と床のそれぞれにはたらく力である。つり合い
　の関係か作用・反作用の関係かを見分けるには，
　1つの同じ物体にはたらいている力か，2つの
　物体の間で対になって生じている力かを考えれ
　ばよい。

## 7 水圧と浮力

確認問題 ──────── 40 ページ

1 ① 水圧　② 垂直　③ 深い
　④ 浮力　⑤ 大きい
2 イ

練習問題 ──────── 41 ページ

1 (1) 水圧　(2) 浮力
　(3) A 0.37　B 0.28　C 0.37
　(4) 水中に沈んでいる体積が大きいAの
　　方が，受ける浮力が大きいから。
　(5) 変わらない。
　(6) 浮力の大きさは，水中に沈んでいる
　　物体の体積に比例するため。

### 練習問題の解説

1 (3) 水中の物体に対してはたらく浮力は「空気
　　中のばねばかりの値－水中のばねばかりの
　　値」で計算できる。
　(4) 浮力は，物体の沈んでいる部分の体積が大
　　きいほど大きくなる。
　(5) 物体が完全に沈んでいる場合，物体がある
　　深さは，水圧には影響するが浮力には影響し
　　ない。

## 8 仕事・仕事の能率

確認問題 ──────── 42 ページ

1 ① 仕事　　　② ジュール(J)
　③ 力の大きさ
　④ 力の向きに動いた距離
　⑤ 仕事率　⑥ ワット(W)
　⑦ 仕事　　⑧ 仕事にかかった時間
2 (1) 75(J)　(2) 60(W)

練習問題 ──────── 43 ページ

1 (1) ① 力　　② 距離
　(2) 120(J)　(3) 24(J)
　(4) 96(J)
2 (1) 25(W)　(2) 9(W)
　(3) 1.2(W)
3 (1) 240(J)　(2) 16(W)

### 練習問題の解説

1 (2) 8(N)×15(m)＝120(J)

(3) 30〔N〕×0.8〔m〕＝24〔J〕

(4) まさつ力が80Nの物体を一定の速さで動か
したということは、力の大きさは80Nである。
よって、80〔N〕×1.2〔m〕＝96〔J〕

**2** (1) 仕事の大きさは、
50〔N〕×2〔m〕＝100〔J〕だから、
$\dfrac{100〔J〕}{4〔s〕}＝25〔W〕$

(2) 仕事の大きさは、
20〔N〕×0.9〔m〕＝18〔J〕だから、
$\dfrac{18〔J〕}{2〔s〕}＝9〔W〕$

(3) 仕事の大きさは、
8〔N〕×0.6〔m〕＝4.8〔J〕だから、
$\dfrac{4.8〔J〕}{4〔s〕}＝1.2〔W〕$

**3** (1) 120〔N〕×2〔m〕＝240〔J〕

(2) $\dfrac{240〔J〕}{15〔s〕}＝16〔W〕$

## 9 位置エネルギーと運動エネルギー

確認問題 ——————— 44 ページ

**1** ① エネルギー
② 位置エネルギー ③ 高い
④ 大きい
⑤ 運動エネルギー
⑥ 大きい ⑦ 大きい
⑧ 力学的エネルギー

**2** ① 位置エネルギー
② 運動エネルギー

練習問題 ——————— 45 ページ

**1** (1) 比例(の関係) (2) 12(cm)
(3) 比例(の関係) (4) 10(cm)
(5) 12(cm)

**2** (1) B (2) D

練習問題の解説

**1** (1) 小球をはなす高さが2倍、3倍、…になると、
木片の移動距離も2倍、3倍、…となる。

(2) 図2より、20gの小球をはなした高さが
10cmのとき、木片の移動距離は2cmである。
はなした高さと木片の移動距離は比例するか
ら、10:60＝2:$x$より、$x$＝12〔cm〕

(3) 小球の質量が2倍、3倍、…になると、木片の
移動距離も2倍、3倍…になる。

(4) 図3より、高さは10cmで小球の質量が20g

のとき、木片の移動距離は2cmである。小球の
質量と木片の移動距離は比例するから、
20:100＝2:$x$より、$x$＝10〔cm〕

(5) 図3より、60gの小球を10cmの高さからは
なしたときの木片の移動距離は6cmである。
木片の移動距離は、小球をはなした高さに比
例するので、10:20＝6:$x$より、$x$＝12〔cm〕

**2** (1) 物体の速さが大きいほど運動エネルギーは
大きいので、質量が同じAとBでは、速さの大
きいBのほうが運動エネルギーは大きい。

(2) 速さが大きいほど運動エネルギーは大きく、
質量が大きいほど運動エネルギーは大きい。
CとDとでは、速さの大きいDのほうが運動エ
ネルギーは大きい。BとDとでは、質量の大き
いDのほうが運動エネルギーは大きい。

## 10 エネルギーの種類と変換

確認問題 ——————— 46 ページ

**1** ① 運動 ② 熱 ③ 位置
④ 電気 ⑤ 光

**2** (1) 電気エネルギー
(2) 熱エネルギー

練習問題 ——————— 47 ページ

**1** (1) A 火力(発電) B 水力(発電)
(2) 化石燃料 (3) A (4) A
(5) ア

**2** (1) 風力発電
(2) 地熱発電 (3) バイオマス発電
(4) 枯渇するおそれがほとんどないため。

練習問題の解説

**1** (1)(3)(4)(5) Bの発電方法はダムにためた水の位
置エネルギーを利用して発電する水力発電で
ある。水力発電は、火力発電とちがい、温室効
果ガスである二酸化炭素を発生しないという
利点がある。

(2) 石油、石炭、天然ガスなどは、大昔に生きて
いた動植物などの有機物が、数百万年～数億
年の長い年月を経てできたものであり、化石
燃料とよばれる。

**2** 近年、再生可能エネルギーを利用した太陽光
発電、地熱発電、風力発電などが開発されている。

これらは化石燃料を用いた火力発電や, 事故を
おこすと大変な影響が出る原子力発電にかわる
発電方法として活用されている。

## 11 エネルギーの変換効率と熱の伝わり方

確認問題 ──────── 48 ページ

1 (1) 30% (2) 50% (3) 25%
2 (1) 熱伝導(伝導)
(2) 熱放射(放射)

練習問題 ──────── 49 ページ

1 (1) 光, 電気 (2) 電気, 運動, 熱
(3) エネルギー保存の法則
(4) 熱
2 (1) 熱放射(放射)
(2) 熱伝導(伝導) (3) イ
(4) もとのエネルギーから目的とするエ
ネルギーに変換できる割合。

### 練習問題の解説

1 (3) エネルギーが変換されるとき, エネルギー
の種類は変わっても, その総量は変化せず, 常
に一定に保たれている。これを, エネルギー保
存の法則という。
(4) まさつ力などの影響で力学的エネルギーは
保存されない場合があるが, その場合でも熱
エネルギーなどをふくめると, エネルギーの
総量は保存されている。
2 (1) 高温になった物体は光や赤外線などを出す。
その結果, 光や赤外線などを受けとったまわ
りの物体に熱が移動し, まわりの物体は熱く
なる。このような現象を熱放射(放射)という。
(2) 温度の異なる物体が接しているとき, 高温
の部分から低温の部分へ熱が移動する。この
ような現象を熱伝導(伝導)という。

## 第4章 エネルギーと生活

### 1 生活を支えるエネルギー

確認問題 ──────── 50 ページ

1 ① 化学 ② 熱
③ 核 ④ 光
⑤ 運動

練習問題 ──────── 51 ページ

1 (1) イ (2) 位置エネルギー
(3) 化学エネルギー (4) 核エネルギー
(5) イ

### 練習問題の解説

1 (1) 変換技術の発達により, エネルギーはさま
ざまな形に変換されている。
(2) ダムに貯めた水の位置エネルギーを利用し
た発電を, 水力発電という。
(3) 化石燃料をボイラーで燃焼させて, 水を高
温・高圧の水蒸気にし, 発電機を回転させて発
電する方法を火力発電という。
(4) ウランなどが核分裂するときの核エネル
ギーを利用して, 水を高温・高圧の水蒸気にし,
発電機を回転させて発電する方法を原子力発
電という。
(5) 再生可能エネルギーの普及のため, 国際的
な取り組みがなされている。

### 2 エネルギー利用上の課題

確認問題 ──────── 52 ページ

1 ① 二酸化炭素 ② 二酸化炭素
③ 天候 ④ 振動
⑤ 騒音 (④⑤順不同) ⑥ 持続可能

練習問題 ──────── 53 ページ

1 (1) ウ (2) ダムの建設
(3) 火力発電
2 (1) エネルギー資源(資源, エネルギー)
(2) バイオマス発電

### 練習問題の解説

1 (1) 風力発電や太陽光発電は, 天候によって発
電量が変化してしまい, 安定供給が難しい。
(2) 図のBは水力を表している。
(3) 図のCは石炭である。火力発電は, 地球温暖

化の原因となるほか, 資源の枯渇という問題
もある。

2 (2) 木片や落ち葉などの生物資源をバイオマス
という。バイオマス発電は, 大気中の二酸化炭
素が増える原因にはならないため, 環境への
負荷が小さいと考えられている。

## 第5章　地球と宇宙

### 1　太陽系の天体

確認問題 ──────── 54 ページ

1 ① 惑星　　　　② 金星
③ 火星　　　　④ 地球
⑤ 木星　　　　⑥ 月
⑦ 衛星　　　　⑧ 小惑星

練習問題 ──────── 55 ページ

1 (1) イ　　　(2) エ
(3) A 水星　　　　E 木星
G 天王星
(4) A, B　(5) A, B, C, D
(6) エ　　　(7) 小惑星

### 練習問題の解説

1 (1) 公転周期は, 太陽からの距離が遠い惑星ほ
ど長くなる。
(2) 8つの惑星はほぼ同じ平面上を公転してい
る。惑星は太陽の光を反射して光っている
(ア)。衛星をもたない惑星や50以上の衛星を
もつ惑星もある(イ)。地球には酸素や水があ
るが, ほとんどの惑星には酸素や水がない
(ウ)。
(4) 地球より内側を公転している惑星を内惑星
という。地球より外側を公転している火星, 木
星, 土星, 天王星, 海王星を外惑星という。
(6) 木星, 土星, 天王星, 海王星は, 木星型惑星と
よばれ, 厚いガスや氷におおわれていて, 大き
さや質量は大きいが, 平均密度は小さい。

### 2　自ら光を出す天体

確認問題 ──────── 56 ページ

1 ① 恒星　② 109　③ 6000
④ 黒点　⑤ 低い　⑥ 自転
⑦ 球形

練習問題 ──────── 57 ページ

1 (1) イ　　　(2) ウ
(3) A コロナ
B プロミネンス(紅炎)　C 黒点
(4) まわりより温度が低いから。
2 (1) ウ　　　(2) 太陽が球形であること。

### 練習問題の解説

1 (1) 太陽の直径は約140万kmで, 地球の約109
倍である。
(3) 太陽をとりまく高温(100万℃以上)のガス
をコロナといい, 白く光っているようすを観
察することができる。また, 太陽の表面にふき
出した赤い炎のように見える部分をプロミネ
ンス(紅炎)という。
(2)(4) 太陽の表面温度は約6000℃で, 黒点は約
4000℃と周囲より低いために, 黒く斑点のよ
うに見える。
2 (1) 太陽が自転をしているため, 黒点の位置が
時間とともに移動する。
(2) 中央では丸く見えた黒点が, 周辺部でだ円
形に見えるのは, 太陽が球形だからである。

確認問題 ———————— 58 ページ

**1**
① 地軸 　② 自転 　③ 南中
④ 南中高度 　⑤ 東 　⑥ 南
⑦ 西 　⑧ 東 　⑨ 西
⑩ 日周運動

練習問題 ———————— 59 ページ

**1**
(1) O
(2) A 南 　 B 西
　 C 北 　 D 東
(3) イ 　(4) イ

**2**
(1) 南 　(2) エ
(3) 地球が自転しているから。

### 練習問題の解説

**1**
(1) ペンの先の影が, 円の中心Oにくるようにして, 透明半球の上に印をつける。
(2) 太陽は, 東からのぼり, 南の空を通って西に沈むことから考える。
(3) 南中高度は地平線から南中した太陽までの角度で表す。
(4) 透明半球上で太陽の位置は1時間に2.4cm移動しているので, 日の出から10時の位置までの11.2cmを移動するのにかかった時間は, $11.2 \div 2.4 = 4\frac{2}{3}$[h]より, 4時間40分である。よって, 日の出の時刻は, 10時の4時間40分前の5時20分である。

**2**
(1) 南の空の星は, 東から西へ動いて見える。
(2) 東から西へ動いて見えるので, Yの位置に見えるのは, Xの位置に見えた20時の4時間後の24時である。
(3) 星が時間とともに動いて見えるのは, 地球が地軸を中心に, 1日に1回自転しているからである。

確認問題 ———————— 60 ページ

**1**
① 公転 　② 年周運動
③ 西 　④ 東
⑤ 黄道 　⑥ 東
⑦ 西 　⑧ 1°
⑨ 4

練習問題 ———————— 61 ページ

**1**
(1) 黄道 　(2) a 　(3) ウ

**2**
(1) エ 　(2) ア 　(3) C
(4) 地球が太陽のまわりを公転しているから。

### 練習問題の解説

**1**
(1)(2) 天球上の太陽の見かけの通り道を黄道といい, 太陽は, 星座の中を地球の公転と同じ向きに移動して見える。
(3) 真夜中の南の空には, 太陽と反対側にある星座が見える。

**2**
(1) 同じ時刻に見える星座の位置は, 1日に約1°(1か月で約30°)東から西へ動いて見える。
(2) 星は東から西へ動いて見えるので, 22時にBの位置にオリオン座が見えたのは, 1月15日の2か月前の11月15日である。
(3) 2月15日の22時には, オリオン座はEの位置に見える。4時間前の18時には, $15° \times 4 = 60°$より, Cの位置に見える。
(4) 太陽や星の年周運動は, 地球の公転によって起こる見かけの運動である。

1 ① 高く ② 長く
③ 低く ④ 短く
⑤ 春分 ⑥ 秋分
（⑤⑥順不同）
⑦ 同じ ⑧ 地軸
⑨ 公転

1 (1) A 冬至 B 春分 C 夏至
(2) C (3) B
2 (1) Y (2) A (3) イ
(4) 地球が地軸を傾けたまま公転している
るから。

## 練習問題の解説

1 (1) 春分の日は，太陽が真東からのぼり，真西に
沈む。夏至の日は，太陽が最も北寄りからのぼ
り，最も北寄りに沈む。冬至の日は，太陽が最
も南寄りからのぼり，最も南寄りに沈む。

(2) 南中高度は，夏至の日に最も高く，冬至の日
に最も低くなる。

(3) 昼の長さは，夏至の日に最も長くなり，冬至
の日に最も短くなる。春分・秋分の日は，昼と
夜の長さがほぼ同じになる。

2 (1) 地球の公転の向きは，北極側から見て反時
計回りである。

(2) 地軸を太陽のほうに傾けているBが夏至の
日，地軸を太陽と反対側に傾けているDが冬
至の日の地球の位置である。よって，Aが春分
の日，Cが秋分の日の地球の位置である。

(3) Bの位置は夏至の日なので，南中高度は最も
高くなる。

(4) 太陽の南中高度が季節によって変化するの
は，地球が公転面に垂直な方向から地軸を傾
けたまま公転しているからである。地軸の傾
きがなければ，季節の変化は起こらない。

1 ① 太陽 ② 地球
③ 反時計 ④ 同じ
⑤ 反対 ⑥ 日食
⑦ 月食

1 (1) Y
(2) B エ F ア
(3) G (4) A (5) ア
2 (1) 日食 (2) エ

## 練習問題の解説

1 (1) 月の公転の向きは，地球の自転や公転の向
きと同じで，北極側から見たときは反時計回
りである。

(2)(3) 太陽の光が当たっている部分が光って見
える。Bでは，エのように右側が光って見え，F
ではアのように左側が光って見える。Aでは
カ，Cではキ，Dではウ，Eではオ，Hではイのよ
うに見える。Gでは新月になる。

(5) 月が東からのぼり西に沈んで見えるのは，
地球が自転しているからである。

2 (1) 太陽-月-地球が一直線上に並び，太陽の全体，
または一部が月にかくれて見えなくなる現象
を日食という。

(2) 日食が起こるのは新月のときだけであるが，
新月のときに必ず日食が起こるわけではない。

1 ① 東 ② 西
③ 明けの明星 ④ よいの明星
⑤ 太陽 ⑥ 大きく
⑦ 小さく ⑧ 地球

1 (1) X (2) A
(3) P D Q G
(4) ア (5) ウ
(6) 金星が，地球より内側を公転してい
るから。

1 (1) 惑星が公転する向きはすべて同じである。

(2) 金星がAの位置にあるとき, 太陽と同じ方向にあるので見ることはできない。

(3) 図1で, 地球から見て金星の右側に太陽があるときは, 金星の右側が光って見え, 金星の左側に太陽があるときは金星の左側が光って見える。また, 金星が地球の近くにあるときは欠け方が大きくなり, 遠くなると欠け方が小さくなる。

(4) 金星がFの位置にあるとき, 金星は明け方の東の空に見える(明けの明星)。

(5) 惑星は, 星座をつくる星の間を不規則に動いて見える。金星は地球より公転周期が短い(ア)。地球と金星の距離が変化するので, 金星は満ち欠けしながら, 大きさも変化する(イ)。金星が真南の位置にあるとき, 金星を見ることはできない(エ)。

---

**第6章　自然と人間**

**1　食物をめぐる生物どうしのつながり**

確認問題 ——————— 68 ページ

1 ① 食物連鎖　② 生産者
③ 消費者　④ 植物

練習問題 ——————— 69 ページ

1 (1) 食物連鎖　(2) 光合成
(3) 生産者　A　消費者　B, C
(4) C
2 (1) A　イ　B　ウ　C　ア
(2) イ
(3) 食べるものが減るから。

練習問題の解説

1 (2) 生物Aは植物で, 光合成をして有機物をつくる。

(3) 生物Aの植物は生産者, 生物B, Cの草食動物や肉食動物は, 植物やほかの動物を食べる消費者である。

(4) 食物連鎖は, 植物→草食動物→肉食動物の順につながっていて, 個体数は, 植物が最も多く, 草食動物, 肉食動物の順に少なくなってい

く。

2 (1) 食物連鎖の量的関係を図で表すとピラミッド型になる。個体数が最も多い生物Cが植物で, 生物Bが草食動物, 生物Aが肉食動物になる。よって, 生物Aはフナ, 生物Bはミジンコ, 生物Cはケイソウである。

(2)(3) 生物Bの個体数が減ると, 生物Bに食べられる生物Cはふえ, 生物Bを食べる生物Aは減る。

**2　生物の遺骸のゆくえ**

確認問題 ——————— 70 ページ

1 ① 分解者　② エネルギー
③ 菌類　④ 細菌類

練習問題 ——————— 71 ページ

1 (1) 自分で有機物をつくれず, 植物やほかの動物を食べる動物。
(2) B, C
(3) 消費者のうち, 生物の遺骸やふんなどの有機物を無機物に分解する生物。
(4) B
(5) (分解者) ア, イ, オ
(分解者ではない消費者) ウ, エ, カ
2 (1) A
(2) 土の中の生物が呼吸をして, 二酸化炭素を出したから。

練習問題の解説

1 自分で有機物をつくれず, 植物やほかの動物を食べる生き物のことを消費者という。また, 消費者のうち, 生物の遺骸やふんなどの有機物を無機物に分解する生物のことを分解者という。分解者には, 小動物(ミミズ, ダンゴムシ), 細菌類(乳酸菌, 大腸菌), 菌類(カビ, キノコ)などさまざまな種類が存在する。

2 袋Aは, そのままの土を入れたので, 小動物や微生物が生きている。それらの生物が, 呼吸によって有機物のブドウ糖を分解し, 二酸化炭素を出すので石灰水が白くにごる。一方, 袋Bは土を焼いていて, 土の中の小動物や微生物が死んでいるため, 呼吸が行われない。そのため, 二酸化炭素が発生しない。

## 3 生物の活動を通した物質の循環

確認問題 ──────── 72 ページ

1 X 生産者　　　　Y 消費者
　 Z 分解者
　 a 光合成　　　　b 呼吸

練習問題 ──────── 73 ページ

1 (1) A 酸素　B 二酸化炭素
　 (2) X 呼吸　Y 光合成
　 (3) ア
2 (1) A エ　B ア
　　　　C イ　D ウ
　 (2) ②
　 (3) 有機物を無機物に分解するから。

### 練習問題の解説

1 (1) Aはすべての生物がとり入れている物質なので酸素, Bはすべての生物から出されている物質なので二酸化炭素である。
　 (2) Xは植物が酸素をとり入れているので呼吸, Yは植物が酸素を出しているので光合成を表している。
　 (3) 生物Pは分解者である。分解者には, ミミズやダニ, シイタケ, ダンゴムシなどがいる。
2 (1) 生物Aは生産者, 生物B, Cは消費者, 生物Dは分解者である。
　 (2) 光合成は, 二酸化炭素をとり入れ酸素を出すので, 光合成による物質の移動を表しているのは②である。①, ③, ④, ⑤は呼吸による物質の移動を表している。

## 4 自然環境における人間とその影響

確認問題 ──────── 74 ページ

1 ① 温室効果　　　② 閉じこめる
　 ③ 外来生物　　　④ 生態系
　 ⑤ 硫黄酸化物　　⑥ 酸性雨

練習問題 ──────── 75 ページ

1 (1) オゾン層
　 (2) 温室効果ガス
　 (3) 外来生物
　 (4) 連れてこられた地域の生態系を壊すことがあるため。

(5) ① 硫酸　② 酸性雨
2 イ

### 練習問題の解説

1 (1) 地球の大気圏にあるオゾンが集まっている層をオゾン層という。これが, 冷蔵庫やエアコンから排出されたフロンガスにより薄くなる現象を, オゾン層破壊という。この影響で, 紫外線が前よりも地球に届くようになった。
　 (2) 地球温暖化は, 温室効果ガスがその原因の1つといわれている。温室効果ガスは, 地球から宇宙へ放出される熱を吸い地球に戻す温室効果をもつ。こうして地球温暖化が起こり, 島が沈んだり, サンゴが死んでしまったり様々な問題が生じている。
　 (3)(4) もともとその地域にはいなかった生物で, 他の地域から連れてこられた生物を外来生物という。外来生物は, 連れてこられた地域の生物を捕食したりして, 生態系を破壊することがあり, 問題になっている。
2 　生活排水などの影響により, プランクトンが異常発生する現象を赤潮という。アは, 酸性雨の説明。ウは, オゾン層破壊の説明。エは, 地球温暖化の説明。

## 5 自然の恩恵と自然災害

確認問題 ──────── 76 ページ

1 ① 海　　② 水　　③ 地熱
　 ④ 温泉　⑤ （海洋）プレート
　 ⑥ 津波　⑦ 高潮　⑧ 液状化

練習問題 ──────── 77 ページ

1 (1)① 地熱　② 化石　(2) ウ
2 (1) 液状化(現象)　(2) エ
　 (3) 津波
　 (4) 海洋プレートが大陸プレートの下にちょうど沈みこむ位置にあるため。

### 練習問題の解説

1 (2) 火力発電は, 石油などを用いる発電であるため火山とは関係ない。火山を用いた発電は, 地熱発電である(ア)。火山と地震は, 関係あるとされている(イ)。液状化は, 地震により起こる現象である(エ)。

2 (1) 地震により, 地面が柔らかくなる現象を液
状化という。

(2) 台風による海面の上昇を高潮という。

(3) 地震による海の大きな波を津波という。

## 6 科学技術の発展とその課題・対策

確認問題 ──────────── 78 ページ

1 ① 産業革命 ② 蒸気機関
③ AI(人工知能) ④ 取捨選択
⑤ 大気汚染
⑥ 排気ガス浄化装置

練習問題 ──────────── 79 ページ

1 (1) 話(会話)

(2) 本(雑誌)

(3) インターネット

(5) ラジオ
(発展した順番)(1)→(2)→(5)→(4)→(3)

2 (1) 発信源が不明な誤った情報が増えた。

(2) 自分で情報を取捨選択すること。

(3) 大気汚染

(4) 排気ガス浄化装置

### 練習問題の解説

1 (1) 人との会話による情報収集が最も古い。最
近は, インターネットでの誤った情報の発信
によるトラブルが増えているが, 昔は人との
会話により多くのデマが流れ, パニックが起
こったこともある。

(2) 日本の新聞は, 一説では江戸時代よりも前
から存在していたとされている。瓦版という,
木版を用いて紙に刷られたものを用いて報道
したそうだ。現代の新聞は, 外国から入ってき
た文化である。

(3) インターネットは, 1967年にアメリカで初
めて運用され, 現代では, 一般の人にも広く普
及しており, 情報収集や交流の場として欠か
せないものになっている。一方で, 誤った情報
の発信などが問題になっている。

(4) 日本では1953年に初めてテレビ放送が行
われた。

(5) 日本では1925年に東京で初めてラジオが
放送された。今では, 全国どこでも楽しむこと

ができる。

2 (1)(2) インターネットやスマートフォンの普及
により, だれもが簡単に発信できる時代と
なった。そのような現代では, 正しい情報を取
捨選択することが大切である。また, 情報発信
情報を発信するときは, 内容が正しいかよく
確認することも大切である。

(3)(4) 大気汚染は, 地球温暖化と合わせて大き
な問題とされている。排気ガス浄化装置以外
にも, 電気自動車や水素自動車の開発も対策
として挙げられる。